Luise Midgard

Fliegen konnte ich schon immer

W0392327

Luise Midgard ist das Pseudonym von Renate Schmidt, unter dem sie auch ihre lyrischen Texte veröffentlicht. Die Autorin, Jahrgang 1958, wuchs in einer Großfamilie in einem Dorf in Westfalen auf. Heute ist sie als Lehrerin in Braunschweig tätig.
Mit ihrer autobiografisch geprägten Erzählung „Fliegen konnte ich schon immer“ ermöglicht Renate Schmidt Einblicke in eine dörfliche Welt, die exemplarisch für das ländliche Westdeutschland der 1950er und 1960er Jahre steht.

Luise Midgard

Fliegen
konnte ich schon immer

Eine Kindheit in den 60er Jahren

Worte & Leben

1. Auflage 2020
Copyright © 2020 Verlag Worte & Leben, Braunschweig
Alle Rechte vorbehalten

Umschlaggestaltung: Andrea Lüpke, Hannover
Umschlagbild: Quint Buchholz, Kind fliegt mit Möwen, aus:
Quint Buchholz/Michael Krüger, Wer das Mondlicht fängt. Bilder und Gedichte. © 2001 Carl Hanser Verlag GmbH & Co.KG, München
Lektorat und Satz: Mareile Seeber-Tegethoff, Braunschweig
Druck: CPI books GmbH, Leck
Printed in Germany

ISBN 978-3-9818549-3-0

Verlag Worte & Leben, Mareile Seeber-Tegethoff
Scharenbusch 63, 38104 Braunschweig
www.worte-und-leben.de

Inhalt

Aufbrechen

das herzhungrige Kind
aus halbgrauem Kauern

dort
im rechten Winkel
wo immer der Tod
lauert

steht auf
und findet
die Tür
nach draußen

kein Weg da
aber Goldstaub und Weite
bis zum Horizont

nur Gehen
ins Leben

Fliegen

Fliegen konnte ich schon immer. Die ausgebreiteten Arme bewegen, wie der Vogel seine Flügel. Dreimal hintereinander, langsam und konzentriert. Auf und ab. Dann konnte mich nichts mehr halten. Ich erhob mich in die Höhe, ließ etwas Unschönes unter mir zurück. Einen lauten Streit vielleicht, zu viel Gestank und Lärm einer geschäftigen Welt. Manchmal war es auch einfach meine Neugier auf Neues, die mich in die Lüfte trieb.

Meine Schwestern und Freundinnen dachten jedes Mal, ich hätte mich blitzschnell versteckt und sei deshalb unauffindbar. Nicht ein einziges Mal in all den gemeinsamen Jahren haben sie mich dort oben über ihnen entdeckt.

Mein ganzer Körper kam mir beim Fliegen vor wie ein riesiges Lächeln. Die Augen manchmal geschlossen, den Kopf in den Nacken geworfen – so bewegte ich mich im Wind vorwärts. Drehte jauchzend meine Pirouetten, meine Kreise, hierhin und dorthin, je nachdem, wo ich etwas Interessantes gesehen hatte. Oder ich beobachtete einfach, was unter mir geschah.

Meine Kleider flatterten am Körper, aber kalt war mir nicht. Eher flutete mich eine angenehme Hitze bis in alle Winkel meines Seins: Ich war frei!

Die Abenddämmerung war meine Lieblingszeit fürs Fliegen. Dann konnte ich den weißen Hahn unseres Hühnerhofs besonders gut erkennen. Er stolzierte aufgeregt herum und jagte auch die letzten Hühner vor sich her in den Stall. Die Küchenfenster des Dorfes wurden nach und nach hell, hier und da wurde ein kleines Kind nach Hause gerufen. Ich wusste, dass ich noch Zeit hier oben hatte, denn wir mussten erst beim Abendläuten der Kirchenglocke von draußen zurück sein.

Der schmale Wurmbach am Berghang hatte in manch heißen Sommern irgendwann kein Wasser mehr. Er schimmerte nicht mehr silbrig im vollen Mondschein, ausgetrocknet wand sich nur das dunkle Bachbett durch die Wiesen hinab, bis es an einem dicken Rohr auf der einen Seite der großen Hauptstraße endete. Erst einige Kilometer weiter nördlich tauchte der Wurmbach aus seinem unterirdischen Gefängnis wieder auf. Dort floss er die meiste Zeit des Jahres schnurgerade und ohne neugieriges Gurgeln oder Plätschern teilnahmslos vor sich hin. Einige Male habe ich versucht, ihn durch gutes Zureden wieder aufzumuntern, aber das nützte nichts.

Jenseits der Hauptstraße begann das neue Viertel mit den hohen Mietshäusern. Meine Brüder hatten ihren Bau atemlos und mit glühenden Augen verfolgt. Jeden Nachmittag hatten sie dort gestanden und die vielen riesigen Maschinen und fremden Männer beobachtet, waren in Sandhaufen und Matschlöcher gesprungen, was trotz aufgestellter Verbotsschilder keinen Menschen interessierte. Ab und zu wurden sie sogar in eine Führerkabine eingeladen und fühlten sich dann eine Weile wie Könige der Baustelle. Wenn sie sich abends in unserer Waschküche ihre völlig verdreckten Hosen und Jacken abstreifen mussten, malten sie sich lautstark ihre Zukunft als Baggerfahrer oder Lastwagenfahrer, als Maurer oder Dachdecker aus. Ich habe nie verstanden, wie man in so etwas so verliebt sein konnte!

Später kamen einige Kinder aus diesem Viertel gerne zum Spielen zu uns ins Dorf, das auf der anderen Straßenseite lag, zogen mit uns um die Häuser und durch die Gärten. Alle Winkel und Ecken wurden durchstöbert, nichts war vor uns und unserer blühenden Phantasie sicher. Unsere Welt bestand aus selbstgebauten Buden, gespielten Hochzeiten und Beerdigungen, echten Streitereien und Versöhnungen, Dramen und Katastrophengeschichten. Und aus dem Glück, was wir in unseren Tagträumen in diese Welt holen konnten.

Da drüben bei ihnen, im neuen Viertel, gab es zwischen Parkplätzen und Wegrabatten keine Geheimnisse zu erkunden. Ich war auch überzeugt, dass keines von diesen Kindern fliegen konnte. Sie sollten funktionieren, so wie die Wohnungen, in denen sie wohnten. Keinen Krach machen, gut in der Schule sein, einen anständigen Beruf lernen, viel Geld verdienen, es besser haben als die anderen und niemandem Schande machen. So wie ihre Eltern. So wie unsere Eltern. So wie der Wurmbach. So wie wir. So wie alles zu der Zeit.

Ich unterbrach meinen Flug, setzte mich rittlings auf den Dachfirst eines Mietshauses und flötete mit der Amsel. Ihr Lied kannte ich inzwischen auswendig. Seit ein paar Tagen fing ich sogar an, sie zu verstehen. Das war wahnsinnig aufregend für mich und auch für die Amsel. Denn dass es ihr genauso ging wie mir, daran hatte ich keinen Zweifel.

Oben im Birnbaum entdeckte ich jetzt eine letzte Birne. Im Vorbeifliegen pflückte ich sie mir. Und steckte sie in die Rocktasche. Hinter den letzten Häusern am Hang lag die Schafweide, dort landete ich.

Meistens war ich pünktlich, denn sonst gab es Ärger. Aber einmal kam ich tatsächlich zu spät und durfte zur Strafe am nächsten Tag nicht nach draußen. Meine Arme und Beine juckten mich drinnen so sehr, dass ich sie mir an manchen Stellen blutig kratzte. Seit dem Tag dachte sich meine Mutter anderes aus: eine Extraportion Taschentücher bügeln, einen zweiten Korb Holz für den Herd aus dem Schuppen holen und in der Küche stapeln, obwohl noch genügend da war – oder Ähnliches. Manchmal fand ich diese Strafen sogar schön, denn ich war stolz, wenn ich sie gut geschafft hatte. Aber das habe ich der Mutter nie gesagt.

Nach meinen Ausflügen in den Himmel wurde ich zuhause oft gefragt, wo ich denn schon wieder gesteckt hätte. Denn dass ich ab und zu verschwand, hatte sich inzwischen herumgesprochen. Ich antwortete nur mit der halben Wahrheit: Dass ich den Schafen noch etwas zu fressen gebracht hätte. Vom Fliegen sollte ja niemand wissen.

Je nach Jahreszeit bekamen die Tiere immer etwas anderes. Jetzt im frühen Herbst liebten sie die Kastanien. Ganze Eimer davon leerte ich, einen nach dem anderen, auf die längst abgefressene Weide. Auch die vom Wind abgerissenen kleinen Zweige der alten Eichen mit den letzten grünen Blättern hatten sie gerne. Und wenn ich mal besonders fröhlich wieder gelandet war, bekamen die Schafe sogar beides: Eichenzweige und jede Menge Kastanien.

Schwarzbrot

Brot meiner Kindheit. Roggenbrot mit Sauerteig. Mit braunschwarzer Kruste. Ein länglicher und gewölbter Brotlaib. Hatte das Brot nach dem Kneten schon eine lange Teigruhe hinter sich, ruhte es auch nach dem Backen und wurde erst nach ein paar Tagen aus der Vorratskammer neben der Küche geholt. Nur in Notfällen oder wenn meine Mutter uns an den Samstagen einen großen Gefallen tun wollte, wurde es frisch angeschnitten. Denn dann war es noch weich und krümelig und machte uns Kinder nicht so satt wie abgelagertes Brot. Wir aßen mehr vom frischen Brot und fragten auch nach mehr Wurst oder Käse oder Zucker. Und das war auf Dauer zu teuer.

Zucker war beim Frühstück unser Lieblingsbelag. Auf eine Scheibe Schwarzbrot eine dicke Schicht Arme-Leute-Butter aufstreichen und den weißen, süßen Zucker hineindrücken. Arme-Leute-Butter war billige Margarine, denn die richtige Butter gab es nur an höchsten Feiertagen. Wir leckten uns trotzdem die Lippen nach den Zuckerbroten. Denn sonst mussten wir oft genug Johannisbeergelee oder Apfelgelee nehmen, und das war nur halb so genussvoll. Nein, das stimmt nicht: Beim Johannisbeergelee verzogen wir unsere Gesichter zu Grimassen. Weil er so sauer war.

Den Johannisbeergelee bekamen wir immer von der anderen Oma. Die wohnte ein paar Dörfer weiter mit Opa in einem der neuesten Häuser. Opa hatte es nach dem Krieg gebaut. In diesem kleinen Dorf erschien uns Kindern das Haus mit seinen drei Etagen, den vielen Zimmern, in denen man einen Rundlauf machen konnte, und einer Werkstatt im Anbau riesengroß.

Die andere Oma hatte einen großen Garten am Waldrand außerhalb des Dorfes, und der ganze Garten war eingerahmt von Johannisbeersträuchern: schwarze und rote und weiße Johannisbeersträucher entlang des Zauns, rundherum. Im Juni mussten wir Mädchen bei der Ernte helfen. Nach der Schule hieß es dann für mich und meine Schwestern: entweder durch den Wald zur Oma laufen oder – später – mit den Fahrrädern entlang der neuen Straße fahren. Die Straße zu fahren war aber längst nicht so interessant wie den Weg durch den Wald zu laufen, die Hände ins Ameisennest an der Bank auf der Höhe zu legen oder das Harz von den Fichtenstämmen zu kratzen und zu kauen. Kein Kaugummi schmeckt heute besser!

Eimerweise pflückten wir die Beeren, und anfangs kosteten wir auch davon. Weil wir durstig waren vom Weg in der frühsommerlichen Hitze und den mitgenommenen kalten Tee nicht mochten. Kamillentee.

Die weißen Beeren am Ostzaun waren die süßen, die köstlichsten. Deshalb gab es regelmäßig Streit unter uns, wer diesen Abschnitt abernten durfte. Meistens teilten wir uns alles sehr genau auf: Hacken und Schaufeln aus dem kleinen Gartenschuppen legten wir nach dem Abzählen einer bestimmten Anzahl von Sträuchern als Markierung auf die Erde, damit jede wusste, bis wohin sie pflücken durfte. Doch nach einer Weile hatten wir auch auf die weißen Beeren keinen Hunger mehr. Johannisbeeren hingen uns förmlich aus dem Hals heraus.

Doch das Schlimmste kam erst hinterher, jedes Jahr aufs Neue: Zur Belohnung für unsere Hilfe erhielt meine

Mutter von der anderen Oma nämlich ganze Wäschekörbe voll Johannisbeersaft und Johannisbeergelee für den Winter. Die Gläser und Flaschen musste entweder mein Vater mit seinem Auto holen, oder mein Onkel brachte sie mit seinem Trecker zu uns.

Der Onkel war ein Bruder meines Vaters. Das Auto und der Trecker waren damals die einzigen fahrbaren Untersätze in unserer großen Familie. Wenn unser Onkel mit dem Trecker kam, war das wie eine Versöhnung mit den Ernte-Nachmittagen. Denn wenn er seine Fracht abgeladen und ein paar Sätze mit meiner Mutter gewechselt hatte in einer Sprache, die ich als Kind nicht verstand, konnte jeder von uns einmal auf dem Trecker sitzen und ein paar Meter auf dem Weg von unserem Haus zur Straße vorne bei dem Onkel mitfahren. Die kleineren Kinder saßen sogar auf seinem Schoß und durften lenken. Wir schrien alle durcheinander, lachten und winkten. Und die, die gerade nicht oben saßen, liefen aufgeregt neben dem Trecker her. Meine großen Brüder versuchten hinten aufzuspringen. Das waren unsere ersten Weltreisen.

Die Geleegläser wurden, fein säuberlich beschriftet, im Vorratskeller gestapelt und die Saftflaschen nebeneinander ins oberste Regal gestellt. Es blieb mir lange ein Rätsel, warum sich meine Mutter über solche Geschenke offensichtlich so sehr gefreut hat. Belohnungen sahen für mich ganz anders aus. Aber wenn ich sie danach fragte, sagte sie nur, dass ich das später wohl verstehen würde.

Im Vorratskeller stand auch der große Steintopf mit dem selbstgestampften Sauerkraut. Das war im Winter ein ganz ungeliebtes Samstagsgericht. Ich glaube, bei jedem von uns. Der Speiseplan bestand in dieser Jahreszeit sowieso meist aus allerlei Kohlarten: Weißkohl, Rotkohl, Grünkohl. Den Grünkohl gab es allerdings erst, wenn es richtig gefroren hatte. Und das Sauerkraut sollte zwischendurch eine Abwechslung darstellen. Es sei so gesund, behauptete meine Mutter. Vorzugsweise gab es dazu Eisbein. Eisbein kriegte ich nur runter, wenn ich mir ordentlich Senf oder Meerrettich draufgeschmiert hatte. Solche Samstage mit Sauerkraut und Eisbein waren schlechte Samstage. Auch wenn meine Mutter versuchte, aus den wenigen vorhandenen Zutaten gut schmeckende Gerichte zu kochen.

Einmal gab es das erste Sauerkraut des Jahres mit einer ungewöhnlichen Zutat. Und das kam so: Der Sommer war sehr trocken gewesen, und wir mussten auch im Herbst noch überall Wasser sparen. Zeitweise wurde es von der Gemeinde sogar abgestellt. Niemand wurde vorher gefragt, ob das jetzt sinnvoll sei oder ob das passte. Es wurde einfach so entschieden. Kurz vorher fuhr der Gemeindewagen mit einem großen Lautsprecher auf dem Autodach langsam durch die Straßen. Alle paar Meter wurde das bevorstehende Ereignis unüberhörbar verkündet. Und zwischendurch liefen Musikstücke, die wir sonst nie zu hören bekamen, weil bei uns nur Kirchenlieder gesungen wurden. Deshalb liebten wir Kinder den Gemeindewagen.

Die Frauen in den Häusern ließen hektisch Töpfe und Eimer, Schüsseln und Krüge, manchmal auch kleine Kinderbadewannen aus Zink mit dem restlichen Frischwasser aus der Leitung volllaufen. So hatte man hoffentlich genug für die Stunden ohne Nachschub. Man wusste ja nie, was kam und wie lange es dauern würde.

Nun hatte sich einer meiner Brüder am Tag zuvor den Magen verdorben und die Nacht mit einer Wärmflasche auf dem Bauch verbracht. Meine Mutter vermutete stark, dass das Bauchweh mal wieder von den Nacktschnecken gekommen sei und war ziemlich böse. Wer nämlich, mit Zeugen natürlich, die meisten Schnecken essen konnte, war bis zum nächsten großen Streit der unwidersprochene Anführer in der Bande meiner Brüder und ihrer Freunde. Ich hatte nur ein einziges Mal bei einem solchen Wettessen zugeschaut und fand das Ganze so ekelhaft, dass mich später allein die Erinnerung daran schon fast zum Kotzen brachte.

Die Wärmflasche lag noch auf der Küchenbank, als der Gemeindewagen an diesem Samstagvormittag seine Ansagen durch den Lautsprecher plärrte. Kurz entschlossen schüttete meine Mutter, um kein Wasser zu verschwenden, den Wärmflascheninhalt in den Topf, in dem sie das Sauerkraut kochen wollte. Das Wasser war ja sauber. Dachte sie, und hatte damit auch Recht. Nur, als wir zum Mittagessen um den Tisch saßen und nach dem Tischgebet das Sauerkraut essen sollten, fing das große Ausspucken an. Dieses Gemüse schmeckte so sehr nach Gummi, dass selbst meine strenge Mutter einsehen musste, dass es auf den Kompost gehörte.

Es war das einzige Mal in meiner Kindheit, dass meine Mutter ein Essen weggeschmissen hat. Ganz still ging sie mit dem Topf nach draußen. Dieses Sauerkraut bekamen noch nicht einmal die Hühner. Sonst wurde jeder Rest verwertet: Aus Brotkanten wurde Brotsuppe mit Rosinen gekocht, oder sie wurden in sauer gewordene Milch getunkt und mit Zucker und Zimt geschlürft. Obst mit braunen

Flecken wurde ausgeschnitten und zu Mus verkocht. Schimmel an Wurst- oder Käsestücken, was bei so vielen Mäulern so gut wie nie vorkam, wurde weggeschnitten und die verbliebenen Stücke anschließend noch gegessen. Scheibenwurst oder Scheibenkäse kannten wir nicht.

Ein besonderer Leckerbissen für uns Kinder war hartes Schwarzbrot, das in der Pfanne mit ein bisschen Fett zu Knusperbrot gebacken wurde. Damit schlugen wir uns abends die Bäuche randvoll, ohne eine weitere Zutat, und stritten uns so manches Mal um die letzten Stücke. Die Oma, die bei uns wohnte, meinte lachend, dass bei so viel Schwarzbrot im Bauch auch die Seele schwarz werden würde, weil sie dort ebenfalls zuhause sei. Und dann würde uns der Teufel holen. Aber meine Mutter schimpfte, sie solle sofort mit diesem Geschwätz vor den Ohren der Kinder aufhören. Uns war das egal. Viel wichtiger erschien uns, dass der eine oder andere wackelige Milchzahn bei diesem Essen ausfiel und in die Streichholzschachtel wanderte. Jeder von uns hatte so eine kleine Schatztruhe. Wir hüteten sie wie unsere Augäpfel.

Großmütter

Ich liebte meine beiden Großmütter sehr. Ohne sie wäre unser Leben ein ganzes Stück ärmer gewesen. Sie kamen aus einer anderen Zeit als wir, und manchmal waren sie uns fremd. Dann schauten wir sie sprachlos und mit großen Augen an. Trotz all der Schrecknisse ihres Lebens waren sie von einer Kraft erfüllt, von der sie auch an uns etwas weitergaben.

Die Oma, die mit uns im Haus wohnte, war eine kleine und schmale Frau. Sie ging immer ein wenig nach vorne gebeugt. Das Auffälligste in ihrem verrunzelten Gesicht waren ihre großen wasserblauen Augen. So stellte ich mir das Meer an hellen Sommertagen vor. Die Augen standen ein wenig aus ihrem Kopf heraus und schwammen oft im Wasser, ohne dass unsere Oma weinte. Vielleicht erinnerten sie mich auch deshalb an das Meer. Vor allem im Winter waren die Augenränder gerötet. Unsere Oma holte andauernd ihr Stofftaschentuch aus der Schürzentasche, um sich ihre Augen zu reiben oder zu trocknen. Oder beides.

Was ich gar nicht gerne sehen wollte, waren die Zähne, die die Oma jeden Abend in ein Glas mit Wasser legte und in ihrer klitzekleinen Küche auf den Tisch stellte. Wir hockten davor, so dass wir sie ganz genau von der Seite studieren konnten. Es war ein bisschen unheimlich, nur ein Gebiss vor sich zu haben. Und alles andere vom Menschen fehlte. Aber in der Schule wussten wir Mädchen immer sehr gut Bescheid über die Zähne.

Omas ganzes Gesicht jedenfalls fiel ohne ihre Zähne so sehr ein, dass sie für mich wie eine uralte Hexe oder ein Gespenst aussah. Erst recht, wenn wir ihr abends im weißen langen Leinennachthemd im Flur oder auf der Treppe begegneten und sie ihren Haarknoten für die Nacht schon gelöst hatte. Ihre schlohweißen dünnen Haare hingen ihr dann bis auf den Rücken hinunter, und ich hielt deutlich Abstand. Mir war es nicht geheuer, dass man ohne Zähne und ohne Kleidung ein ganz anderer Mensch werden konnte. Wenn Oma uns *Gute Nacht* sagte und noch irgendetwas hinzufügte, verstand ich sie kaum. Wagte aber auch nicht nachzufragen.

Wenn wir tagsüber Familie spielten, wobei natürlich immer eine Großmutter vorkam, ahmten wir ihr Sprechen ohne Zähne gerne nach und kugelten uns vor Lachen. Wir spannten unsere Lippen mit geöffnetem Mund über die Zahnreihen oben und unten, wobei wir sie auch noch nach hinten zogen, sodass dabei ein sonderbarer und für uns lustiger Gesichtsausdruck entstand. Gleichzeitig gaben wir uns viel Mühe, so undeutlich zu sprechen, dass die anderen uns nicht verstehen konnten. Abwechselnd rätselten wir, was wohl diejenige, die die Großmutter spielte, gerade gesagt hatte. Nur vor unserer Oma haben wir uns nie getraut, dieses Spiel zu spielen. Da schämten wir uns zu sehr, weil wir uns über sie lustig machten.

Jeden Samstag nach dem wöchentlichen Baden schnitt sich unsere Oma in ihrer Küche die Hühneraugen. Dicke hornige Knubbel. Die hatte sie an jedem Zeh, an manchen gleich mehrere. Uns war es ein Rätsel, woher sie kamen und warum sie immer wieder nachwuchsen. Oma erzählte uns geduldig und stets aufs Neue aus ihrer Kindheit und vom Krieg. Damals musste man jedes Paar Schuhe anziehen, das zur Verfügung stand. Egal, ob es Schuhe für Männer waren oder für Frauen. Ob sie zu klein waren oder zu groß. Denn sonst hätte man barfuß gehen müssen. Und das war im Winter bei Schnee und Eis kein Vergnügen. Offensichtlich hatte unsere Oma damals immer viel zu kleine Schuhe getragen.

Welches Glück für uns Kinder, dass unsere Schuhe nur zu groß angeschafft wurden! So konnten wir sie auf jeden Fall zwei Jahre tragen, sie mussten höchstens zwischendurch neu besohlt werden. Im ersten Jahr wurden die Innensohlen mit Resten von Stoffwindeln passend gemacht. Auch die Schuhspitzen stopften wir damit aus. Hühneraugen würden wir also bestimmt keine bekommen.

Oma raspelte sich die Hornhaut an den Hühneraugen entweder ab, oder sie benutzte ein Messer, um sie abzuschneiden. Oft genug bluteten ihre Füße dabei heftig, und ich ekelte mich. Wenn wir Mädchen unserer Oma dabei zuschauten, mussten wir vorsichtshalber das Pflaster schon bereithalten. Und wir schauten oft zu, denn samstags saßen wir vor dem Abendessen gerne bei ihr in der Küche und ließen nach dem Baden unsere nassen Haare dort trocknen. Der Raum war mit einem unwiderstehlichen Duft von Streuselkuchen oder Bienenstich erfüllt. Im Spätsommer kamen die Apfel- und Pflaumenkuchen dazu. Für uns Kinder gab es die Kanten vom Blechkuchen zum Probieren, und wir stritten uns um die warmen Krümel.

Bei Streitereien oder großem Kummer war Oma eigentlich immer unsere Rettung. Wir heulten uns bei ihr aus oder wollten uns bei ihr verkriechen. Wie in einer

Höhle. Eine Weile unsichtbar sein. Oma setzte uns auf einen Stuhl und schaute uns lange und ganz ruhig an, mit ihren wasserblauen Augen, als wenn sie uns ins Herz schauen wollte. Manchmal ohne Worte. Das machte uns Kinder auch wieder ruhig. Sie ließ uns einfach Zeit für unseren Schmerz, bis er vergangen war. Und wenn alles wieder gut war, schickte sie uns zum Spielen hinaus zu den anderen oder zur Mutter nach unten. Diese Oma war die Kummeroma.

Als wir Mädchen älter waren, schlichen wir uns abends gerne zu ihr in ihre gute Stube mit der großen Dachgaube. Die *Mensch-ärgere-Dich-nicht*-Spiele und die Gänsespiele waren unsere Lieblingsspiele. Wir Schwestern lernten dabei von unserer Oma, wie man mit den kleinen und großen Misserfolgen im Spiel und im Leben umgehen kann. Während wir uns nämlich ärgerten und wütend wurden, wenn wir kein Glück hatten und wieder von vorne anfangen mussten, lachte sie jedes Mal, wenn es ihr selbst passierte. Kinder, sagte sie, so ist das nun mal im Leben mit dem Glück und dem Unglück. Aber wenn der liebe Gott mit euch geht, dann verliert man im Leben das Lachen nicht. Egal, wie schlimm es kommt.

Und das musste unsere Oma nun wirklich wissen. Denn bei ihr war es schon oft schlimm gekommen. Eine dicke Narbe am Hals war von ihrer Diphterie und dem rettenden Luftröhrenschnitt übriggeblieben. Die Vorstellung, dass die Oma als Kind fast erstickt wäre, war für uns gar nicht denkbar. Was hätten meine Schwestern und ich denn ohne sie gemacht?

Zwei Kriege hatte unsere Oma überlebt. Im zweiten musste sie alleine für ihre vielen Kinder sorgen. Der Opa war nämlich mitten im Krieg gestorben. In Ostpreußen, wo sie damals mit ihrer großen Familie lebten. Sein Herz war beim Kohleschippen einfach stehen geblieben. Deshalb war unsere Oma überhaupt bei den Verwandten im Westen gelandet, wo wir jetzt alle wohnten. Hatte mit dem lieben Gott und fast ohne Geld ein Haus aus Feldsteinen gebaut, auf dem Acker eines Verwandten. Und irgendwann war auch das Lachen wiedergekommen.

Doch einige Male überraschte ich sie morgens, als sie mit gefalteten Händen vor einem ihrer Küchenstühle auf dem Fußboden kniete und bitterlich weinte. Auch wenn ich mich dann still zurückgezogen und die Türe ganz leise hinter mir geschlossen hatte, ließ ich an solchen Tagen mein Herz bei ihr in der Küche. Das hat sie bestimmt gespürt.

Wenn es kalt war, hatte unsere Oma immer blaue Finger. Sie konnte sie dann nicht mehr gut bewegen, sie waren ein bisschen steif. Wir Kinder verstanden das nicht. Denn so ganz kalt war es doch gar nicht.

Nichts geht verloren, sagte Oma in solchen Momenten. Wenn der Kopf nicht mehr will, tun die Finger es von alleine: Sie erinnern sich. An die Frostbeulen im Krieg und an die Hungerjahre danach. Die Finger mögen es nicht mehr kalt haben im Leben.

Dann schaute sie lange über uns hinweg in die Ferne, obwohl dort gar keine Ferne war, sondern nur ihre Küche. Und rieb sich die Finger, jeden Einzelnen. Manchmal durften das auch wir Kinder machen. Ich glaube, unsere Oma fand das schön.

Meine jüngste Schwester brachte ihr einmal ihre eigenen Wollfäustlinge. Die Oma strich ihr über den Kopf.

Ohne ein Wort zu sagen zog sie sie an. Sie sah aus, als ob sie gleichzeitig lachen und weinen würde. Und die Handschuhe waren auch nur ein bisschen zu klein.

Viel Spaß hatten wir mit unserer Oma, wenn sie mit ihren wenigen Brocken Englisch und Französisch irgendein Kauderwelsch redete. Wir ahmten ihre kleinen lustigen Gedichte und Sätze unermüdlich nach und lachten uns darüber schlapp. Doch unsere Oma hatte diese Sprachen tatsächlich auf der höheren Schule gelernt. Jedenfalls solange sie dahingegangen war. Irgendwann hatte ihr der Erste Weltkrieg einen Strich durch die Rechnung gemacht.

Als die fremden Soldaten am Ende des Zweiten Weltkriegs gekommen waren und die Häuser im Dorf nach versteckten deutschen Soldaten durchsucht hatten, konnte Oma sich mit ihren wenigen Wörtern mit ihnen verständigen. Das hatte die Soldaten ein bisschen gnädiger gestimmt. Glaubte jedenfalls unsere Oma. Tatsächlich wurde kein Haus im Dorf zerschossen. Und auf die Dinge, die sie vorher in großer Angst vor den Soldaten ins Plumpsklo geschmissen hatte und die nun in der Jauchegrube versunken waren, konnte sie sowieso verzichten. Es waren so merkwürdige Sachen wie ein *Mutterverdienstkreuz*.

Für uns Mädchen war unsere Oma eine stille Heldin, die den Feind hinters Licht geführt und mit friedlichen Mitteln besiegt hatte. Obwohl wir uns sicher waren, dass sie den Soldaten niemals diese komischen Sprüche, die wir von ihr kannten, aufgesagt haben konnte. Das musste ein anderes Englisch gewesen sein.

Für alle Fälle wollten wir auch Englisch oder Französisch sprechen können. Damit wir in der Zukunft, wenn wir vielleicht auf einen Feind stoßen würden oder er auf uns, auch mit heiler Haut davonkommen würden. Das war für uns genauso wichtig wie der Bunker in der Nähe oder der Stollen im Wald, in den sich die Dorfleute im Krieg geflüchtet hatten, bis die Gefahr vorüber war.

Unsere Oma war eine große Blumenfreundin. Besonders gerne hatte sie Studentenblümchen. Sie pflanzte sie in alle Blumenrabatten unseres Gartens. Wirklich in alle! Und so viele, dass meine Schwestern und ich die Augen rollten, wenn Oma im Frühjahr verkündete, sie wolle ihre Pflänzchen aussetzen, und wir sollten ihr dabei helfen. Überhaupt war sie für die Farbtupfer im Garten zuständig, während meine Mutter sich um das Gemüse und das Obst kümmerte. Und wenn meine Brüder bei ihren wilden Spielen durch Akeleien und Dahlien trampelten oder ihre Bälle in die Pfingstrosen schossen, von wo sie sie natürlich wiederholen mussten, konnte die Oma ganz schön böse werden. Aber das waren die einzigen Momente, in denen ich sie aufgeregt und laut erlebt habe. Denn eigentlich war unsere Oma eine leise Frau.

Wenn sich unsere Eltern abends manchmal zankten und dabei so laut wurden, dass die Oma sie oben hören konnte, stand sie irgendwann still in der Küchentür. Keiner hatte gemerkt, dass sie hereingekommen war. Sie scharte die kleinen Geschwister um sich und nahm sie mit. Wir großen Schwestern kamen freiwillig dazu.

Oben setzte unsere Oma die Kleinen abwechselnd auf ihren Schoß, machte ihre Reiterspiele mit ihnen und sang dazu. Am lustigsten fand ich die *arrrabischen Rrreiter*. Sie wurden hunderte von Malen um den *Arrrarrrat* getrieben. Mit ihrem unnachahmlichen ostpreußischen *R*. Oder die Oma ließ meine Brüder wie die Jüngferchen in der

Kutsche fahren, und meinen Brüdern machte es überhaupt nichts aus, dass sie nun so gar keine Jüngferchen waren. Sie jauchzten um die Wette und verlangten mehr Runden. Der Streit unserer Eltern war für alle vergessen. Und wenn es unten wieder ruhig geworden war, schickte die Oma uns alle zurück. Einfach so.

Die andere Oma, die ein paar Dörfer weiter wohnte, sahen wir viel seltener. Sie hatte immer ein Kopftuch umgebunden, und oft trug sie noch ihre Schürze unter dem Mantel, wenn sie zu uns kam. Sie wurde entweder von meinem Onkel mit dem Trecker gebracht, oder mein Vater holte sie mit dem Auto, in der Mittagspause seiner Arbeit.

Wenn die andere Oma bei uns war, wussten wir Kinder, dass es nachmittags Waffeln geben würde. Jedenfalls meistens. Ich glaube, sie waren die Belohnung für die Arbeit, die meine andere Oma zusammen mit meiner Mutter erledigte. Die beiden nähten und bügelten wie die Weltmeister. Und wenn die andere Oma Socken gestopft hatte, kamen sie mir vor wie neu.

Was regelmäßig aufgefüllt werden musste, war unser Vorrat an Stoffwindeln. Die nähte die andere Oma aus alten weißen Bettlaken, die meine Mutter aussortiert hatte, weil sie Risse aufwiesen oder so dünn geworden waren, dass man fast hindurchsehen konnte. Aus dem, was noch gut zu verwenden war, wurden Kopfkissenbezüge genäht. Aus den Resten entstanden, in doppelten Lagen, Putzlappen oder Windeln.

Für so einen Großmutternachmittag wurde unsere gute alte Tret-Nähmaschine extra vom Schlafzimmer in die Küche geschoben und zum Nähen vorbereitet. Meine Brüder liebten diese Nähmaschine ganz besonders, konnten sie doch damit für ihren Traumberuf üben. Tretpedal und Schwungrad an der Seite sahen nämlich in Bewegung ähnlich aus, wie die Räder einer Dampflokomotive in voller Fahrt. Wenn oben noch keine Nadel eingesetzt war, ließen meine Brüder als Lokomotivführer das Pedal rattern und das Schwungrad lossausen, bis sie mit ihrem imaginären Zug irgendwo am anderen Ende der Welt angekommen waren. Und zurückmussten, weil die Oma jetzt endlich mit ihren Näharbeiten beginnen wollte.

Natürlich mussten auch Knöpfe in Mengen an Hosen und Jacken angenäht werden. Wir liebten die große blecherne Knopfdose meiner Mutter, die dafür aus dem Nähkorb hervorgeholt wurde. Mit Knöpfen konnten wir nämlich wunderbar spielen. Mal waren sie Frösche, die wir durch die Küche hüpfen ließen, mal waren sie Münzen, mit denen wir beim Spiel bezahlten. Oder die wir hinter den kleinen Schrank warfen, auf dem der Volksempfänger stand, der nun in unserer Phantasie ein Automat geworden war, der irgendetwas ausspucken sollte. Automaten waren damals noch ganz neu und eine große Sensation. Sogar außen an unserem Dorfladen hatte man einen aufgehängt, mit bunten Kugeln von Kaugummi.

Bei unseren Knopfspielen in der Küche mussten wir gut aufpassen, dass sich die jüngsten Geschwister nicht die kleinsten Knöpfe in ihre Ohren oder Nasenlöcher steckten, von wo man sie nur mit Mühe wieder herausholen konnte. Einmal hatte es mit der Pinzette tatsächlich nicht mehr geklappt, und einer meiner Brüder blutete aus der Nase wie ein Schwein. Das war eine Aufregung! Am Ende musste unser alter Dorfarzt das regeln. Ich wusste zwar nicht, wie er das hinkriegen konnte, aber da er sogar kleinen Kälbchen auf die Welt half, war diese Sache mit dem Knopf in der Nase meines Bruders bestimmt ein leichtes Kunststück für ihn gewesen.

Im Sommer kochten meine Mutter und die andere Oma auch Gemüse und Obst ein: grüne Bohnen, Möhren und Erbsen, Äpfel und Birnen und Pflaumen. Oder sie machten Marmelade, Mus und Saft. Uns Mädchen gefiel es gar nicht immer, wenn wir von der anderen Oma Besuch bekamen, denn dann hieß es für uns zuschauen. Oder helfen. Kleinere Näharbeiten nachmachen. So wurden wir mit allem Nützlichen im Haushalt nicht nur durch unsere Mutter, sondern auch durch die andere Oma allmählich bekannt gemacht. Denn wir sollten später ja selbst Familien gründen und gute Hausfrauen werden.

Auf alles, was uns gut gelungen war, waren wir sehr stolz. Meine ersten gehäkelten Topflappen schenkte ich der anderen Oma zu Weihnachten. Sie hatte mir das Häkeln beigebracht und auch das Stricken. Als wir älter waren, gab sie uns einige Male Kissenhüllen, die wir besticken sollten. Zum Üben. Damit wir später unsere Anfangsbuchstaben in die Paradekissen unserer Ehebetten sticken könnten, in denen wir mit unseren zukünftigen Ehemännern schlafen würden.

Und weil man dafür zunächst mal einen Mann finden musste, gab es passende Ratschläge von ihr dazu. Hatte sie uns zur Begrüßung in die Arme genommen und an ihren üppigen Busen gedrückt, schob sie uns anschließend ein Stück von sich und musterte uns gründlich durch ihre Brille mit dem goldenen Rand. Ich mochte diese Begrüßungen überhaupt nicht, fühlte mich immer ganz benommen.

Ihre feuchten Küsse auf meiner Wange wischte ich sofort mit dem Handrücken weg.

Mädchen, ihr habt ja immer noch viel zu wenig Speck auf den Rippen. War dann ihr Satz. So kommt ihr nicht über den nächsten Krieg. Und Männer mögen auch keine dürren Klappergestelle.

Wir schauten uns betreten an. Ja, die Erzählungen vom Krieg mit seinen Schrecken kannten wir. Diese Zeit war sehr lebendig für uns, obwohl sie schon eine ganze Weile vorbei war. Und wir konnten uns auch vorstellen, dass dürre Klappergestelle in Hungerjahren noch dürrer wurden.

Aber für Männer interessierten wir Mädchen uns damals überhaupt nicht. Uns reichten die vielen Brüder voll und ganz. Und warum wir zu dürr für Männer waren, wussten wir noch weniger. Selbst bei unseren abendlichen Flüstergesprächen im Bett konnten wir das Rätsel solcher Sätze nicht auflösen.

Ein weiterer Ratschlag von der anderen Oma bezog sich darauf, wie gute Hausfrauen Brot schneiden sollten. Nämlich mit dem scharfen Brotmesser vor der Brust, ohne sich dabei in die Brust oder in die Finger zu schneiden. Das war eine Prüfung, für die wir Schwestern natürlich noch zu klein waren. Aber wir fingen an, dafür zu üben. Weniger, um eine gute Hausfrau zu werden, sondern ganz einfach deshalb, weil der Umgang mit einem scharfen Messer spannend war für uns. Solche Gegenstände wurden normalerweise vor uns Kindern weggeschlossen und höchstens großen Jungs anvertraut.

Da ich leider kein Junge geworden war, was ich sehr bedauerte, weil die viel mehr durften als Mädchen, viel weniger helfen mussten und überhaupt viel mutiger waren, wollte ich mir wenigstens auf Umwegen die Vorteile eines Jungenlebens verschaffen. Und wenn es jetzt erstmal das Brotschneiden mit dem Brotschneidemesser war.

Mit dem Messer durfte ich in den Ferien bei meiner anderen Oma noch etwas schneiden, was zuhause nur die Großen taten. Sie und der Opa hatten in ihrem Haus tatsächlich ein Badezimmer neben der Küche! Mit einem Klo mit Wasserspülung, einem Waschbecken und einer Badewanne mit Warmwasserboiler. Ein unvorstellbarer Luxus für mich. Neben dem Klo hing ein braunes Holzkästchen, in dem lag das Klopapier. Hergestellt aus Zeitungspapier. Und das musste samstags nach dem Baden in Holzkästchengröße zurechtgeschnitten werden.

So lernte ich von der anderen Oma, Zeitungspapier am Küchentisch Ecke auf Ecke zu falten, noch einmal verkleinern und vielleicht noch einmal, um dann in den Umbrüchen und Kanten mit einem scharfen kleinen Messer das Papier zu durchtrennen. Stapel von Klopapier entstanden unter unseren Händen. Manchmal glaubte ich, dass der Opa die Zeitung nicht deshalb jeden Tag brauchte, um die neuesten Nachrichten zu erfahren, sondern um die Sonderangebote zu lesen und für das Klopapier, das wir daraus machten. Nachher waren unsere Hände ganz schwarz, und wir beschmierten uns damit das Gesicht und spielten *Böser Neger*. Die andere Oma tat so, als ob sie vor unseren beschmierten Gesichtern und den ausgedachten Phantasiewörtern, die wir ihr entgegenbrüllten, tatsächlich Angst hätte.

Im Badezimmer meiner Großeltern lernten wir Schwestern noch etwas: nämlich wie man jede Menge Taschentücher sparen kann. Das hatte weniger mit der anderen Oma als viel mehr mit dem Opa zu tun. Der stand nämlich jeden Morgen in einem weißen Unterhemd und seiner dunklen Arbeitshose mit zu kurzen Beinen, gehalten von schmalen Gürteln und breiten Hosenträgern über seinem dicken Bauch, vor dem Waschbecken und prustete los. Aber nicht durch den Mund. Er schnäuzte sich umständlich und in mehreren Versuchen seinen ganzen Rotz der Nacht in die Hände und wusch sie anschließend mit kaltem Wasser wieder sauber.

Wenn die Badezimmertüre offengeblieben war, standen wir Mädchen ehrfurchtsvoll da und schauten ihm zu. Auf unsere Frage, warum er das so mache, erklärte er uns, dass er auf diese Weise keine Taschentücher brauche und die Oma weniger Wäsche habe und weniger bügeln müsse. Das leuchtete uns ein, denn Taschentücher bügeln kannten wir von zuhause auch. Da fielen ja Berge an bei so einer großen Familie!

Irgendwann ermunterte uns der Opa, es auch einmal zu versuchen. So könnten wir Mädchen doch einen Beitrag zum Sparen leisten.

Zuerst blieb uns das Herz stehen. Das konnte doch nicht sein Ernst sein! Es war einfach nur ekelhaft, diesen Schleim aus der Nase zu holen. Dieses Gerotze und diese Geräusche. Diese schmierigen Finger und Hände.

Aber weil es etwas war, was nur die Männer machten, und weil das Männerdasein uns besser erschien als unser Mädchenleben, probierten wir es mit großer Überwindung aus. Und nach etlichen Tagen voller Ekel, vor uns selbst und vor unserem Schleim, waren wir sehr stolz auf uns! Fast waren wir jetzt so mutig wie ein Mann.

Manchmal schimpfte der Opa lautstark die andere

Oma aus. Bekamen wir ein solches Geschimpfe mit, standen wir Kinder mit dem Rücken an der Wand oder neben der Tür, ganz still und möglichst weit weg vom Opa. Wir verstanden nicht, warum der Opa überhaupt so böse werden musste. Es war doch gar nichts Schlimmes passiert. Und wir hätten zu gerne erfahren, ob er sich vielleicht gerade an den Krieg erinnert hatte und deshalb genauso losbrüllen musste, wie er und die anderen Soldaten angebrüllt worden waren. Denn das hatte uns unsere Mutter erklärt: Dass der Opa durch den Krieg, die Gefangenschaft in Russland und das ständige Gebrülle ein ganz anderer Mann geworden sei.

Ich konnte nicht so richtig verstehen, warum die andere Oma einige Jahre nach dem Krieg einen ganz anderen Mann wieder in ihr Haus hatte einziehen lassen. Denn dadurch hatte sie ja jetzt den Salat mit dem Gebrüll. Aber wenn ich die andere Oma danach fragte, fing sie jedes Mal an zu weinen und schüttelte nur den Kopf. Und ich streichelte sie an ihrem Arm und ließ das Fragen schnell wieder sein. Ich wollte einfach nur, dass sie mit dem Weinen aufhörte.

Aber die andere Oma konnte nicht nur weinen, sondern auch lachen – wie die Oma bei uns zuhause. Wenn die andere Oma lachte, dann strahlte sie über das ganze Gesicht, und ihr goldener Eckzahn oben links leuchtete im Mund. Leider konnte sie ihre Zähne nicht herausnehmen. Ich hätte gar zu gerne ihren Goldzahn so genau angeschaut wie das Gebiss der Oma, die bei uns wohnte.

Für mich war die andere Oma mit ihrem Strahlen und der goldenen Brille und dem goldenen Eckzahn eine heimliche Königin, die sich in unsere Welt verirrt hatte.

Heimlich deshalb, weil sie das Gold an den falschen Stellen zeigte. Könige und Königinnen trugen ihr Gold doch auf dem Kopf, als Krone. Um ihren Kopf aber war immer nur ein sauberes geblümtes Tuch gebunden.

In der Küche meiner anderen Oma stand eine Chaiselongue. Darauf saßen mindestens fünf oder sechs Kinder bei den Mahlzeiten, wenn wir uns bei ihr zu einem Sonntagsbesuch trafen. Das war gar nicht gemütlich. Die Chaiselongue war für uns Kinder zu niedrig, und die andere Oma hatte gar nicht genug Kissen, um uns größer werden zu lassen. Man konnte sich auch nicht wirklich bewegen. Beim Zurücklehnen drückte die Fensterbank in unserem Rücken. Wir saßen so eng, dass wir uns nur abwechselnd über unsere Teller beugen konnten, um die nächste Gabel oder den nächsten Löffel in den Mund zu stecken.

Aber wenn wir in den Ferien alleine oder zu zweit bei der anderen Oma waren, hüpften wir auf der Chaiselongue im Sitzen so hoch wir konnten, manchmal auch im Stehen. Der Staub flog uns nur so um die Ohren. Aber wir hatten eine Menge Spaß auf unserem Trampolin. Nur durfte das auf keinen Fall der Opa sehen. Der machte sonst eine Menge Ärger. Und wenn die andere Oma merkte, dass der Opa aus seiner Werkstatt im Anmarsch war, pfiff sie mit den Fingern.

Dafür habe ich sie so bewundert! Das konnten doch sonst nur die Jungen. Nur sie durften das wirklich üben, wurden dazu angespornt. Wir Mädchen bekamen zuhause stattdessen zu hören, dass pfeifenden Mädchen und krähenden Hähnen am Abend die Hälse umgedreht würden. So ganz ernst habe ich diesen Spruch allerdings nie genommen, denn unser Hahn hatte bisher ja auch überlebt, obwohl er jeden Tag lautstark vor sich hin krähte.

Einen ganzen Sommer lang übte ich heimlich, lernte aber trotzdem nicht, mit den Fingern zu pfeifen. Ich ärgerte mich sehr und konnte mir den Misserfolg gar nicht erklären. Auch meine Schwestern und unsere Freundinnen konnten nicht mit den Fingern pfeifen, doch die interessierten sich auch gar nicht dafür. Vielleicht lag es tatsächlich daran, dass Mädchen so etwas nicht durften. Und weil ich gegen ein Verbot verstoßen hatte, wurde ich vom lieben Gott dadurch bestraft, dass mein Pfeifen überhaupt nicht klappte. Wahrscheinlich konnte ich sogar froh sein, dass mir bisher noch nicht der Hals umgedreht wurde.

Wenn wir also auf der Chaiselongue hüpften und der Warnpfiff der anderen Oma ertönte, hörten wir Mädchen sofort auf und saßen brav da, machten Klatschspiele oder malten ein angefangenes Bild auf dem Küchentisch weiter. Und die andere Oma guckte ganz unschuldig und zwinkerte uns hinter ihren Brillengläsern zu. Ich zwinkerte zurück. Es war ein schönes, warmes Gefühl, von ihr beschützt zu werden. Es war, als ob sich ein großes Lächeln in mir ausbreitete.

Ich bewunderte an der anderen Oma auch, dass sie mit aufgewickelten Wollknäueln jonglieren konnte. Mit fünf Wollknäueln auf einmal. Das gab es doch gar nicht, dass das jemand fertigbrachte. Wir Kinder wickelten die Knäuel geduldig immer wieder auf, wenn sich die Wolle zu sehr gelöst hatte. Und wir übten und übten, aber wir schafften nie mehr, als mit drei Wollknäueln zu jonglieren. Ich sagte zu der anderen Oma, dass sie doch in dem

Zirkus auftreten könne, der jedes Jahr im Frühling über die Dörfer zog. Aber das wollte sie überhaupt nicht hören, denn Zirkusleute waren *Fahrendes Volk*. Sie hatten mit dem lieben Gott nichts am Hut. Und das war für die andere Oma unvorstellbar.

Wenn wir zu Besuch waren, wurde oft zusammen gesungen. Genauso schön wie bei uns zuhause. Die andere Oma hatte meinem Vater, als er klein war, das Gitarre spielen beigebracht. Deshalb glaube ich, sie muss ihn sehr liebgehabt haben. Später saß sie oft zusammen mit meinem Vater vor dem rotbraunen Kachelofen auf der Bank und die beiden sangen Kanons und mehrstimmige Choräle. Von blank geputzten Fenstern für die Weihnachtssonne. Vom Frühlingswehen an Ostern. Und von der Auferstehung. Ich bekam jedes Mal eine Gänsehaut, und manchmal flossen sogar die Tränen. Ich konnte nie sagen, warum. Ich glaube, ich fand das Singen einfach sehr schön. Und Gitarre spielen, so wie meine andere Oma, das wollte ich auch können.

Wenn wir sonntags alle zusammen bei der anderen Oma zu Besuch waren, gab es riesige Kannen voller Bananenmilch. Für uns und unsere Cousinen und Cousins, die auch oft da waren. So etwas gab es bei uns zuhause nie, und das wusste meine andere Oma. Opa studierte tagelang die Angebotsseiten der Zeitung, um herauszufinden, wo Bananen am günstigsten zu kaufen waren. Schließlich musste mein Onkel mit dem Trecker in das nahegelegene Städtchen fahren, um mit ihm und der Oma einzukaufen. Sicher nicht nur Bananen. Bananenmilch war eigentlich der Nachtisch für Gulasch oder Braten mit Kartoffeln und Gemüse. Aber wir Kinder bettelten meistens so flehentlich um ein Schlückchen zum Probieren, dass schon vor dem Essen die erste Kanne leergetrunken war.

Wenn einer meiner Onkel vor dem gemeinsamen Mittagessen eine Sonntagspredigt hielt, begann er sie immer mit den *lieben Brüdern und Schwestern im Herrn*. Diese Worte und auch das, was anschließend kam – das Kreuz, das jeder auf sich nehmen musste, unser Leben, dass wir an den Herrn Jesus übergeben sollten, um nicht verloren zu gehen – war mir einfach nicht geheuer.

Bei einem unserer gemeinsamen Sonntagessen bekamen wir wieder einmal das Gebrüll vom Opa mit. Wir saßen um den großen Tisch und stopften uns nach einer Tischandacht Gulasch mit Kartoffeln, Erbsen und Möhren in unsere Mäuler. Dem Opa schmeckte es allerdings nicht. Oder es gab etwas anderes, was ihm über die Leber gelaufen war. Jedenfalls fing er an, mit der Oma lautstark zu schimpfen.

Die Kartoffeln seien nicht weich genug gekocht, der Gulasch nicht ausreichend knusprig angebraten und das Gemüse würde ja wohl für so viele Leute nicht reichen. In Rage geredet, teilte er noch weiter aus. Die Oma sei zu nichts richtig zu gebrauchen. Und zu allem Überfluss habe sie gestern auch noch die Schachtel mit den Nägeln für die Schuhe in seiner Schusterwerkstatt fallen lassen, und er habe alles wieder aufsammeln müssen.

Es war totenstill um den Tisch geworden. Wir Kinder schauten entweder betreten auf unsere Teller und stocherten im Essen herum. Oder wir blickten fragend die großen Leute an. Was würde jetzt passieren? Die andere Oma hatte angefangen zu weinen. Dicke Tränen kamen unter der Brille hervor und liefen über ihr Gesicht. Sie suchte in der

Kitteltasche nach ihrem Taschentuch. Doch sonst passierte gar nichts. Die Erwachsenen kauten zwar alle langsamer an ihrem Gulasch und schienen sich sehr unwohl in ihrer Haut zu fühlen, aber niemand sagte etwas.

Da platzte mir der Kragen. Jemand musste doch der Oma helfen! Vielleicht wollte ich ihr auch etwas von meinem Lächeln zurückgeben, weil sie uns doch immer mit ihren Pfiffen vor dem Opa warnte. Ich saß ganz am Rand der Chaiselongue, stand nun blitzschnell auf und lief zu meinem Opa am anderen Kopfende des großen Tisches. Ich stellte mich vor ihn hin, stemmte meine beiden Hände in die Taille und begann, ihn zu beschimpfen. Dass er sofort damit aufhören solle. Ob er denn nicht sehen würde, dass die Oma weinen müsse, weil er mal wieder so böse zu ihr sei. Und dass sich das nicht gehören würde, in einem solchen Ton mit der Oma zu reden. Die sei doch zu allen immer ganz lieb. Und das Essen würde doch gut schmecken. Und mit Absicht habe die Oma das Kästchen mit den Nägeln gestern bestimmt nicht fallen gelassen.

Ich hörte, wie die Oma schluchzend *Nein, nein* rief. Und ich bekam mit, dass es noch leiser um den Tisch wurde. Den Erwachsenen blieb offensichtlich das Essen nun gänzlich im Hals stecken.

Mein Herz klopfte zum Zerspringen, und es kam mir so vor, als ob mein Kopf vor lauter Wut rauchte. Vor Wut auf den schimpfenden Opa und auf die anderen Erwachsenen, die nichts taten. Ich sah, wie mein Opa seine Augen ganz klein machte und die Lippen aufeinanderpresste. Und dann die Gabel und das Messer langsam aus der Hand neben den Teller legte.

Da packte mich die Tante, die mir am nächsten saß, fest am Arm und zog mich vom Opa weg. Stellte sich zwischen den Opa und mich, bückte sich zu mir hinunter, schaute mir in die Augen und sagte ganz freundlich, dass ich jetzt am besten mal nach draußen zum Spielen gehen solle. Sie sagte es so, dass es keinen Widerspruch geben konnte.

Sofort ließen auch die anderen Kinder ihre Gabeln und Löffel fallen. Wir sahen alle zu, dass wir wegkamen. Das war ja ein fürchterliches Mittagessen! Das durfte der Opa einfach nicht tun. Und warum sagte keiner etwas?

Draußen begann ich zu zittern und zu weinen. Meine Schwestern und Cousinen stellten sich eng um mich herum und streichelten mich. Die Jungen schauten alle ein bisschen scheu zu uns herüber und buddelten in irgendwelchen Sandhaufen.

Zuhause nahm mich mein Vater sehr ernst beiseite. Ich musste ihm feierlich versprechen, dass ich nie wieder gegenüber dem Opa so frech sein würde. Denn ich hatte Glück gehabt: Hätte meine Tante mich nicht weggezogen und nach draußen geschickt, wäre ich von meinem Opa wohl windelweich gehauen worden. Und niemand hätte ihn davon abhalten können. Meinte mein Vater. Das wollte ich natürlich nicht erleben. Also hielt ich von da an meinen Mund.

Schule

Jeden Tag Schule. Auch samstags. Morgens um halb acht mit etlichen Geschwistern aus dem Haus gehen. Die Freunde abholen. Dann über die Wiesen und am Wald vorbei ins neue Schulhaus mit der Schulglocke oben auf dem Dach schlendern. Ganze Trupps waren unterwegs. Denn die Kinder aus den Mietshäusern gingen auch in unsere Volksschule.

Der Ranzen war klein und leicht, fast federleicht, und wippte auf dem Schulweg auf unseren Rücken hin und her. In der ersten und zweiten Klasse hatten wir noch keine Hefte, wir übten nur auf der Schiefertafel. Zur Einschulung hatte ich in der Schultüte ein kleines Schwämmchen mit Dose und einem Tafellappen gefunden, den hatte die andere Oma gestrickt. Wenn die Schiefertafel in den Ranzen gesteckt wurde, hing das Läppchen an einem Band auf der Seite heraus. Ansonsten gab es im Ranzen noch den Griffelkasten, die Fibel, ein erstes Rechenbuch und das tägliche Butterbrot. Sonst nichts.

Ab der dritten Klasse benutzten wir Hefte, die hatten wir in den Sommerferien alle neu gekauft. Von nun an waren wir mit 50 bis 60 Schülern in einem großen Klassenraum, weil immer zwei Jahrgänge gleichzeitig unterrichtet wurden. Es gab nicht genügend Lehrer, hieß es. Die alten waren im Krieg geblieben und junge noch nicht nachgerückt. Manchmal saßen wir zu dritt an den Tischen. Während die einen in ihren Heften schrieben oder rechneten, erklärte der Lehrer den anderen etwas an der Tafel.

Es änderte sich noch mehr für uns. Weil wir jetzt nicht mehr zu den Allerkleinsten in der Schule gehörten, mussten wir die Lehrer und Lehrerinnen mit einem Knicks grüßen, wenn wir ihnen auf dem Flur oder auf dem Schulhof begegneten. Und die Jungen mussten einen Diener machen.

Auch unsere Klassenlehrer wechselten. Die beiden jungen Lehrerinnen aus den Anfangsjahren, die wir sehr gemocht hatten, wurden ab der dritten Klasse durch zwei andere Lehrer ersetzt.

Der eine war groß und schon ziemlich alt. Sein Gesicht machte uns wegen der vielen Narben Angst. Es hieß, dass er sich die im Krieg geholt hätte. Er besaß eine tiefe Donnerstimme, wenn er böse war und losbrüllte. Wir duckten uns alle leicht und zogen den Kopf zwischen die Schultern. Keiner hielt sich die Ohren zu oder legte sich etwa mit dem Kopf auf den Tisch, die Arme schützend über sich gehalten. Es hätte ja sein können, dass sich die Wut des Lehrers dann auf den Duckmäuser, den Angsthasen, den Windelscheißer gerichtet hätte.

Der andere Lehrer war kleiner und hatte immer ein rotes Gesicht. Wenn er schrie, japste er schnell nach Luft. Oder musste zwischendurch sogar mal rausgehen. Nie musste der Lehrer befürchten, dass wir laut wurden oder in der Klasse herumliefen, wenn wir uns selbst überlassen waren. Wir blieben schön sitzen, schauten uns höchstens nach unseren Mitschülern um und redeten vielleicht im Flüsterton miteinander.

Der Zeigestock lag bei beiden immer auf dem Pult bereit. Wenn sie dann beim Erklären vor der Tafel hin- und hergingen, hielten sie ihn in den Händen hinter dem

Rücken. Und tippten damit auch mal den einen oder anderen Schüler auf die Schulter oder den Kopf, wenn dieser antworten sollte. Wir wussten schnell, dass ein solches Antippen harmlos war.

Heiß wurde uns dann, wenn einer der Jungen etwas angestellt hatte. Ein paar Tage keine Hausaufgaben gemacht oder auf dem Schulhof jemanden verprügelt hatte. In der Pause heimlich im Klassenraum geblieben war und mit Kreide die Tafel beschmiert hatte. Oder uns Mädchen unter die Röcke geguckt hatte. Was strengstens verboten war. Wir Mädchen allerdings lieben es, denn je öfter einer der Jungen in der Pause beim Fangenspielen den Rock ganz zufällig im Vorbeilaufen hochhob, desto mehr Interesse zeigte er auch. Jedenfalls dachten wir uns das so. Und kreischten vor Vergnügen.

Wenn also einer der Jungen bestraft werden sollte, saßen wir besonders mucksmäuschenstill, stocksteif und mit großem Herzklopfen auf unseren Stühlen. Wir wussten, was jetzt folgte. Der Unglückliche musste nach vorne kommen und sich mit durchgedrückten Knien so tief hinunterbeugen, dass mindestens die Fingerspitzen den Fußboden berührten. Schaffte er das nicht, wurde er verspottet, die Armee ihm angedroht. Wenigstens dort würden ein richtiger Junge und Mann aus ihm werden.

Und dann tanzte der Stock auf dem Hintern des Jungen. Der alte Lehrer zählte dabei laut bis zehn. Zehn Stockschläge. Und wir zählten leise mit. Manche Jungen zuckten bei jedem Stockschlag zusammen, manche stöhnten vor Schmerzen. Aber manche gaben auch keinen Laut von sich, waren nur sehr blass, wenn sie wieder hochkamen aus ihrer Vorbeuge und an ihren Platz zurückkehren sollten. Wir anderen hielten den Atem an und weinten innerlich ihre Tränen, denn die Stockhiebe mussten doch höllisch wehtun. Diese Jungen waren unsere stillen Helden.

Manchmal fassten wir Mädchen uns unter dem Tisch an den Händen und drückten sie gegenseitig, damit wir das überhaupt aushalten konnten. Wir fühlten uns überhaupt nicht gut. Denn wenn wir Mädchen die Hausaufgaben vergaßen, mit Kreide an der Tafel malten oder die Kiste mit den bestellten Milch- und Kakaoflaschen, die wir für die Pause vom Hausmeister abholen mussten, aus Versehen fallen ließen, gab es zwar ein Gebrüll, aber niemals Stockhiebe für uns.

Einer der Jungen war besonders oft mit Prügel an der Reihe. Deshalb hatte er wohl eines Tages im Sommer die Idee, sich seine Lederhose mit Zeitungspapier auszustopfen, damit die Schläge nicht so sehr auf dem Hintern brannten. Als er das nächste Mal auf die gut gepolsterte Lederhose geschlagen wurde, merkte der alte Lehrer nichts, aber die ganze Klasse wusste es.

In der Pause auf dem Hof haben wir wohl alle zu laut gelacht über das, was eben in der Stunde vorgefallen und nicht entdeckt worden war. Denn nach der Pause kam der andere Lehrer, der mit dem roten Gesicht, und wollte dem Jungen die nächste Tracht Prügel verabreichen. Sozusagen im Auftrag des alten Kollegen. Wegen der Zeitungen in der Lederhose. Wir erschraken zu Tode, denn die Zeitungen waren in der Pause im Mülleimer auf dem Schulhof gelandet.

Das Gebrüll des Lehrers und der Gang des Mitschülers nach vorne zum Pult waren uns vertraut, aber dieses Mal sahen wir viel mehr Angst im Gesicht unseres Mitschülers als sonst. Dem Ärmsten muss das offenstehende Fenster wie der Geistesblitz für einen Ausweg vorgekommen sein. In seiner großen Not rettete er sich mit einem Sprung nach draußen ins Blumenbeet. So schnell konnten wir alle gar nicht hinterherschauen.

Unser Lehrer platzte fast vor Wut. Er knallte den Stock auf den Boden und wollte hinter seinem Schüler her, schaffte es aber nicht mit einem Sprung, sondern musste mühsam aus dem Fenster klettern. Gerade als der Lehrer draußen durch das Blumenbeet auf den Kiesweg stapfte, ging zu unserem Erstaunen die Türe auf und der Verfolgte stand wieder im Klassenraum. Den Lehrer hörten wir draußen auf dem Flur lautstark fluchen, bevor auch er wieder hereinkam.

Das Spiel wiederholte sich noch einmal bis zu dem Punkt, an dem der Übeltäter wiederum aus dem Fenster sprang, dann aber endgültig verschwand. Er tauchte an dem Tag nicht wieder in der Schule auf. Wir glaubten, dass er nach Hause gelaufen sei.

Der rotgesichtige Lehrer japste nach Luft und brüllte uns minutenlang an. Wir saßen alle schlotternd auf unseren Stühlen, denn so etwas Ungeheuerliches war noch nie zuvor passiert. Keiner wusste, was jetzt noch kommen konnte. Da ging die Türe noch einmal auf. Der alte Lehrer wollte wissen, was bei uns eigentlich los sei. Mit einer Schreibaufgabe, die sich gewaschen hatte, wurden alle 60 Schüler im Raum alleine gelassen, und die beiden Lehrer zogen sich zurück.

Der Mitschüler blieb ein paar Tage zuhause. Nachher erzählte er uns, dass der Schulleiter seine Mutter besucht habe. Ihr Sohn müsse in ein Heim, wenn er sich nicht bessere, habe er zu ihr gesagt. Und jeder von uns nahm sich vor, dem Jungen zu helfen, damit es ihm gelänge, sich zu bessern. Wir bekamen eine Ahnung davon, wie die Schule unser ganzes Leben umkrempeln konnte. Ich und meine Freundinnen wollten jedenfalls niemals in ein Heim kommen! Lieber wollten wir uns bessern. Vorsichtshalber. Oder gar nicht erst so schlimm werden, dass wir uns bessern müssten. Aber was ich dafür tun konnte, wusste ich nicht.

Einmal gab mir der alte Lehrer einen Brief mit nach Hause. Ich erschrak fürchterlich, denn ich dachte, dass er sich bei meinen Eltern über mich beschweren wollte. Zuhause übergab ich den Brief wortlos meiner Mutter, die mich fragend ansah. Sie las den Brief und legte ihn auf den Volksempfänger auf dem kleinen Schränkchen. Der ist für Papa, sagte sie. Mir wurde richtig schlecht. Weil ich immer noch dachte, dass ich etwas Schlimmes gemacht hätte, wofür ich vielleicht ins Heim kommen könnte. Als mein Vater am Abend den Brief las, musste er leise lachen. Das verstand ich erst nach einer Weile. Da stand doch wirklich in dem Brief, dass mein Vater am nächsten Samstag mit seiner Gitarre, seinem Akkordeon oder seiner Mundharmonika mit uns in der Schule Musik machen und Lieder einüben solle.

Mein Vater konnte wirklich so viele Instrumente spielen. Er hatte sich das alles selbst beigebracht. Ganz ohne Noten. Und ganz ohne Lehrer. Die andere Oma erzählte immer, mein Vater müsse ein Instrument nur sehen, dann wisse er schon, wie man damit Musik machen könne. Ich glaube, er hatte die Töne und Lieder alle schon in seinem Kopf. Und musste sie nur dort herausholen. Und jetzt sollte mein Vater mit seinen Musikinstrumenten für einen Tag Lehrer in meiner Klasse sein! Ich war stolz auf ihn, aber es war mir auch richtig peinlich.

Mein Vater hatte nicht wirklich Lust zu dieser Sache, denn er hatte samstags immer sehr viel im Haus oder auf dem Hof zu tun. Wenn er mit uns in der Schule singen würde, war der Samstagvormittag für ihn futsch. Aber er kam trotzdem in die Schule, denn einem Lehrer durfte man eine solche Bitte nicht einfach abschlagen. Er spielte auf seinen Instrumenten und sang mit seiner lauten Stimme dazu. Wir mussten zuerst zuhören und dann mitsingen. Vom Frühtau zu Berge und von dem Mond, der aufgegangen war. Vom schöner Land in dieser Zeit, von der Mühle am rauschenden Bach, und noch vieles mehr. Ich kannte die Lieder natürlich alle, tat aber so, als wenn ich sie gerade zum ersten Mal hören würde. So wie die anderen. Auf keinen Fall auffallen, denn sonst gab es in der Regel nur Ärger.

Zu meinem großen Erstaunen musste mein Vater kein einziges Mal brüllen, damit alle ruhig blieben und mitmachten. Er erzählte zwischendurch kleine Geschichtchen. Und wenn er etwas erklären wollte, redete er uns auf lustige Weise an, sagte: Der Herr da im roten Pullover. Oder: Die Herren Könige der Berge. Damit waren die Jungen mit Lederhosen gemeint. Die jungen Schönheiten, das waren wir Mädchen. Und alle lachten. Sogar der alte Lehrer, der die ganze Zeit vorne vor der Tafel stand. Das hatten wir noch nie gesehen, dass der richtig lachte.

Für uns Kinder war dies ohne Zweifel der beste Musikunterricht, den wir jemals gehabt hatten. Das Akkordeon ließ mein Vater sogar für ein paar Tage in der Schule. Jeder

der wollte, durfte es sich unter Aufsicht des alten Lehrers in der Pause umhängen und ein paar Töne hervorlocken.

An diesem Samstag war mein Vater bestimmt sehr stolz auf sich, obwohl er niemals hatte Lehrer werden wollen. Jedenfalls strahlte er auch zuhause noch über das ganze Gesicht, und ich strahlte zurück. Ich fand, genau wie alle anderen, dass mein Vater der beste Lehrer der Welt war.

Ferien

Die Ferien haben wir immer sehr genossen. Keine Schule. Keine Hausaufgaben. Keine prügelnden Lehrer. Obwohl es nun nicht so war, dass wir lange geschlafen hätten. Oder verreist wären. Nein. Wir hatten einfach mehr Zeit zum Spielen mit unseren Freundinnen. Und zum Helfen zuhause.

Wir spielten mit unseren Puppen, spielten Familie oder mit dem Kaufladen, wir bauten mit alten Wolldecken und Wäscheklammern Zelte und Buden. Wir schaukelten und wir flochten Kränze aus Sommerblumen.

Wir schleppten Holz in den Keller und stapelten es dort. Wir kauften für unsere Mutter im Dorfladen ein, fuhren unsere Brüder im Kinderwagen spazieren und waren ganz streng mit ihnen, holten abends beim Bauern unsere gefüllten Milchkannen ab, fegten die Küche und den Flur und trockneten das Geschirr in der Küche ab.

Und manchmal sind wir Mädchen, zusammen oder alleine, zu der anderen Oma in die Ferien gefahren. Das war immer sehr aufregend. Zuerst musste der kleine rote Puppenkoffer gepackt werden, mit einer Unterhose als Ersatz, vielleicht auch einem Paar gehäkelten Kniestrümpfen oder gestrickten Socken und einem Nachthemd. Eine kurze Hose musste auch mit. Normalerweise trugen wir Mädchen ja nur Röcke, aber in den Sommerferien bei der anderen Oma war eine kurze Hose erlaubt.

Ich glaube, eine Zahnbürste haben wir nie mitgenommen, obwohl wir zuhause jeden Morgen die Zähne putzen mussten, seit wir in die Schule gekommen waren. Aber wenn man verreiste, war das nicht so wichtig. Zähneputzen konnte man auch erledigen, indem die andere Oma ein bisschen Salz aus ihrer Salzdose auf unseren nassen Zeigefinger streute, mit dem wir uns anschließend über die Zähne rubbelten, und dann den Mund mit Wasser ausspülten.

Wenn mein Vater mich bei meiner anderen Oma abgeladen hatte und weiter zu seiner Arbeit gefahren war, hielt mich fast nichts in der Wohnung dort. Auch wenn meine Schwestern nicht mitwollten – ich lief gleich weiter zu meinen Cousinen, die einen richtigen Bauernhof hatten. Nicht nur Hühner, so wie wir.

So oft es die andere Oma erlaubte, trieb ich morgens mit ihnen die Kühe über die Straße auf die Weide und holte sie abends wieder ab. Mit einem Stock. Die Straße mussten wir sogar mit einem roten Seil absperren, obwohl das gar nicht nötig gewesen wäre, denn Autos fuhren damals noch kaum. Ich fühlte mich furchtbar mutig, war stolz und glücklich.

Bockte aber eine Kuh oder lief nicht gleich so, wie wir Mädchen es wollten, dann war es mit dem Mut schnell vorbei. Denn Kühe treiben bedeutete Schwerstarbeit. Wir wussten alle, dass sie uns über den Haufen rennen konnten, wenn sie wollten.

Aber die Kühe rannten uns nicht über den Haufen. Und sie ließen mich auch nicht wieder los. Ich wollte unbedingt das Melken lernen. Meine Cousinen tippten sich an die Stirn, zeigten mir einen Vogel. Sie drückten sich vor Stallarbeiten, wo sie nur konnten. Du bist verrückt, war ihre einhellige Meinung dazu. Und vertrauten mir ganz im Geheimen an, dass sie später niemals auf einem Bauernhof leben wollten.

Mein Onkel zeigte mir, wie ich es machen musste mit dem Melken, und ich kriegte es tatsächlich schnell hin. Es war ein so schönes Gefühl, wenn ich – nachdem ich einer Kuh den Schwanz an ein hinteres Bein gebunden hatte, damit sie mir damit nicht immer ins Gesicht schlug – auf dem Schemel mit den drei Beinen saß, mit einem Kinderkittel und einem Kopftuch bekleidet, wie die großen Frauen, und meine Finger am Euter bewegte, dass die warme Milch nur so in den Eimer spritze. Wenn ich eine Kuh abgemolken und meiner Tante den vollen Eimer in die Küche gebracht hatte, durfte ich immer ein Glas kuhwarme Milch trinken. Einen besseren Lohn für das Melken konnte ich mir nicht vorstellen.

Nur einmal war eine Kuh sehr unruhig beim Melken. Sie trat mit den Beinen so heftig hin und her, dass ich auf meinem Schemel umkippte. Und der Eimer auch. Die Milch floss ins Stroh, und ich lag in der Kuhscheiße. Mir war zum Heulen zumute.

Mit der ganzen Onkelfamilie fuhr ich auf die Heuwiese. Heurechen, Gabeln, Harken und große Heutücher hatten wir dabei. Und natürlich den Trecker mit den Wendegeräten. Meine Tante setzte jedem Kind einen Strohhut auf den Kopf, damit keines einen Sonnenstich bekam. Das machten die Erwachsenen genauso. Und wir fühlten uns sehr groß.

Auf dem Nachhauseweg durften wir größeren Kinder auf dem Ladewagen mitfahren, ganz oben auf dem Heu. Alleine wären wir nie auf den großen Heuberg hinaufgekommen. Also hoben uns die Männer, ein Kind nach dem anderen, so hoch wie möglich und wir kletterten weiter bis an die höchsten Stellen. Da saßen wir nun und wurden während der Fahrt durchgeschaukelt, winkten fröhlich allen zu und vergaßen dabei, wie müde wir waren.

Manchmal mussten wir das gemähte Gras nur zum Trocknen wenden oder zu Reihen aufhäufeln. Andere Male hatte der Wetterbericht Gewitter angesagt, und das schon trockene Gras sollte vorher noch in die Scheune auf den Heuboden eingefahren werden. Dann musste alles ganz schnell gehen, und so mancher Nachbar half mit, das Heu mit der Gabel auf den Ladewagen zu heben, der jetzt an den Trecker angehängt war. Wir Kinder harkten das Heu immer zusammen. Wenn schlechtes Wetter aufzog, gab es keine Pause mit Kaffee für die Erwachsenen und Tee oder Saft für die Kinder. Mit belegten Broten oder sogar Waffeln auf der Wiese. Kein gemeinsames Lachen und Erzählen. Das alles gab es an solchen Tagen erst hinterher, in der großen Bauernküche. Wenn die Scheune nach Sommer duftete und die ersten Blitze am Himmel zuckten.

Die Heu-Tage liebte ich sehr, trotz der Sonnenbrände und Mückenstiche, die sie mit sich brachten. In solchen Ferien war für mich klar, dass ich auf jeden Fall später einen Bauern heiraten wollte. Dann würde ich meinen eigenen Bauernhof bekommen, mit Kühen und einer Heuwiese und einem Kartoffelfeld.

Wenn ich in den Ferien alleine bei der anderen Oma war und abends in ihrem Ehebett lag, kam das graue Gespenst zu mir. Nach dem gemeinsamen Abendgebet. Ich konnte noch so oft die Engel um mein Bett stellen – es war trotzdem da. Das passierte allerdings wirklich nur, wenn ich alleine dort schlief. Meine Schwestern konnte das graue Gespenst offensichtlich nicht leiden, vielleicht hatte es auch Angst vor ihnen. Wenn sie dabei waren, blieben wir von seinem Besuch verschont.

Zuhause schliefen wir alle zusammen in einem großen Raum. Und hier, ganz alleine in dem Schlafzimmer, fühlte ich mich schrecklich einsam. Ich versank in den riesigen Federbetten. So mächtig waren die Decken zuhause nicht. Das Gewicht lastete auf mir, sie waren viel zu warm und schnürten mir die Luft ab. Und sie rochen auch ganz anders. Nach der anderen Oma, und vielleicht auch nach Opa. Abends mochte ich ihren Geruch überhaupt nicht.

Das lange Dämmerlicht des Sommers spielte in den wehenden Gardinen. Das war bestimmt das graue Gespenst, das mir zuwinkte. Dachte ich. Es machte die schaurigsten Geräusche, schmatzte oder quietschte vor sich hin.

Ich wurde stocksteif und fing irgendwann an zu weinen. Da half auch nicht, dass sich die andere Oma und der Opa ebenfalls ins Bett begaben und ich in ihrer Mitte liegen sollte. Das ging gar nicht für mich. Doch nicht an der Seite von Opa! Höchstens an der Seite von der anderen Oma. Manchmal machte diese mir sogar ein Extrabett auf der Couch zurecht, die im Schlafzimmer stand. Aber auch das war oft genug ein erfolgloser Versuch.

Wenn ich überhaupt einschlief, dann überfielen mich die grauenvollsten Träume. Bomber flogen niedrig und langsam durch das Tal auf das Haus der Oma zu, und wir mussten, so schnell wir konnten, herausrennen und uns irgendwo verstecken. Manchmal hockten wir nur im Keller und schauten aus den winzigen Kellerfenstern wie erstarrt zu, wie die Flieger ihre Runden drehten und einfach wieder wegflogen. Manchmal fielen aber auch Bomben, und ein Haus in der Nachbarschaft ging in Schutt und Asche auf.

Andere Male war ich in einem Gefängnislager, musste um Essen betteln und hart arbeiten. Auch andere Kinder waren dort. Wir redeten fast nicht miteinander, sondern verständigten uns nur durch Blicke, die wir uns heimlich zuwarfen. Und wir hatten immer Angst. Auch davor, abgeholt zu werden. Obwohl wir nicht wussten, wohin wir dann gebracht werden würden. Aus solchen Träumen wachte ich schweißgebadet und oft schreiend auf.

Die andere Oma wusste sich keinen anderen Rat, als sich wieder anzuziehen und zu meinem Onkel zu laufen. Ihn zu bitten, mich mit dem Trecker nach Hause zu fahren. Der war natürlich überhaupt nicht begeistert, fuhr mich aber so manches Mal mit meinem roten Puppenkoffer mitten in der Nacht wieder nach Hause.

Hatte ich zuhause ausgeschlafen, schämte ich mich am nächsten Tag bis auf die Knochen. Ich hätte im Boden versinken können, konnte keinem in die Augen gucken. Heulsuse. Kräutchen Rührmichnichtan. Angsthase. Gespensterlina. Dabei wusste ich doch auch nicht, was abends bei der anderen Oma mit mir passierte, wenn ich in den Ferien alleine dort war. Den anderen brauchte ich gar nicht erst von dem grauen Gespenst erzählen oder von den schrecklichen Träumen, die es mir brachte. Sie glaubten mir ja doch nicht. Lachten mich auch noch aus.

Verzweifelt versuchte ich einen weiteren Anlauf. Schon allein deswegen, um vor mir selbst zu bestehen. Nicht immer ließ sich mein Vater darauf ein, mich am nächsten Tag in seiner Mittagspause noch einmal zu der anderen Oma zu fahren. Wenn er es tat, war ich ihm dafür sehr dankbar.

Beim zweiten Mal klappte es meistens. Das Gespenst hörte ich abends vielleicht noch von Weitem rumoren, aber es kam nicht mehr ins Schlafzimmer. Ich schlief irgendwann ein, die Flieger waren nur noch in der Ferne zu erahnen. Ließen uns in Ruhe. Und meine Ferien bei der anderen Oma mitsamt weiteren wunderschönen Tagen auf dem Bauernhof waren gerettet.

Als wir etwas größer waren, wurden wir Schwestern in den Osterferien immer zu der anderen Oma geschickt, um ihr beim Frühjahrsputz zu helfen. Bei den schweren Sachen. Dazu gehörte vor allem das Ausklopfen der Bettdecken und Decken, der Kissen und Matratzen, der Teppiche und Bettvorläufer.

Zusammen mit meinen Cousinen zogen wir die Betten ab. Die Möbel in den Zimmern wurden verrückt, so dass wir die Teppiche und Bettvorläufer zusammenrollen konnten. Dann kam die eigentliche Arbeit. Hinter dem großen Haus gab es gleich mehrere Teppichstangen, die allerdings im Hühnerpferch mit den vielen Hühnern standen. Die Hühner waren nicht das Problem, sie liefen ja vor uns weg. Genauso wie der Hahn, der sonst immer sehr angriffslustig war. Nein, es gab jede Menge Hühnerscheiße!

Hatte es vorher geregnet, war der Boden völlig aufgeweicht und stank widerlich. Aber genau dahin mussten die Teppiche und all das andere Zeug gebracht werden. Über die Teppichstangen mussten wir sie heben und ziehen, ohne dass auch nur ein Zipfel davon die Erde mit all der Hühnerscheiße berührte. Und mit einem Teppichklopfer so lange klopfen, bis kein Staub mehr zu sehen war. Schwerstarbeit für jede von uns.

Damit wir unsere Schuhe in dem Matsch nicht zu dreckig machten, zogen wir in der Kellertür, die auf den Hof führte, Holzpantinen an. Die konnten nachher mit Wasser wieder abgewaschen werden. Das machte die andere Oma für uns, denn schließlich strengten wir uns ja auch für sie so sehr an.

Die Matratzen mussten glücklicherweise nur ins offene Schlafzimmerfenster gehievt werden. Dort wurden sie geklopft.

Das alles klappte nur, wenn wir Mädchen uns zusammentaten. Jeder Handgriff musste sitzen, vor allem beim gemeinsamen Heben über die Teppichstangen. Nach solchen Tagen waren wir ganz schön geschafft.

Wir hätten bestimmt mit allen möglichen Ausreden versucht, uns vor diesen Arbeiten zu drücken, wenn wir nicht gewusst hätten, dass abends eine große Belohnung auf uns wartete: Jede von uns bekam von der anderen Oma fünfzig Pfennige, und dafür durften wir uns Süßigkeiten kaufen.

In dem kleinen Dorfladen überlegten wir gemeinsam mit der Frau hinter der Theke, was wir alles an unterschiedlichen süßen Dingen kaufen wollten. Und natürlich ließen wir uns gegenseitig auch probieren. Wir schwelgten im süßen Glück. Etwas Besseres konnte selbst im Osternest nicht liegen. Und wenn die andere Oma dann noch den Ofen im Badezimmer angeheizt hatte, sodass wir, immer zu zweit, in das warme Badewasser steigen konnten, fühlten wir uns wie im Himmel.

Einmal saßen wir Ferienkinder nebst Cousinen und weiteren Mädchen aus dem Dorf auf einem der glatt geharkten, weißen Kieswege, die sich zwischen den einzelnen

Beeten im Bauerngarten meiner Tante befanden. Es war schwülheiß und wir hatten uns alle die Sandalen ausgezogen. Probierten aus, wie viele der kleinen Kieselsteinchen zwischen unsere Zehen passten und ob wir damit sogar noch laufen konnten. Ein Nachbar kam an den Gartenzaun und rief zu uns herüber, ob wir uns ein paar Pfennige verdienen wollten. Natürlich wollten wir das! Da lockte doch wieder unser süßes Glück!

Wir sprangen auf, griffen nach unseren Sandalen und liefen an den Zaun. Der Nachbar erklärte uns, dass für seine Bienenvölker heute gutes Wetter zum Ausschwärmen sei. Wir könnten beim Bienenhaus aufpassen. Wenn ein Schwarm losgeflogen sei, sollte eine von uns ganz schnell Bescheid sagen, während die anderen weiter beobachteten, wohin der Schwarm denn fliege.

Das kam uns nicht schwer vor, und wir versprachen es dem Mann. Wir alle kannten Bienenhäuser. Schon viele Male hatten wir hier oder da ein Häuschen von innen gesehen. Das emsige und geordnete Treiben der Bienen im Inneren der Bienenkästen gemeinsam mit den Imkern hinter Glaswänden bestaunt.

Wir begaben uns also zum Bienenhaus, das in der Nähe an einer Böschung stand, und setzten uns vor einen Nussbusch. Die Bienen waren tatsächlich sehr unruhig. Sie summten und brummten und flogen wild hin und her. Eine Weile ging das Beobachten gut.

Doch dann verirrten sich einige Bienen in unsere langen Haare und fanden den Weg nicht mehr hinaus. Wir sprangen auf und fingen an, uns zu schütteln und aufgeregt hin und her zu laufen. Das fanden wohl die anderen Bienen sehr anziehend, vielleicht waren sie auch böse auf uns oder hatten Angst. Jedenfalls waren wir im Nu von Hunderten von Bienen eingehüllt.

Wir begannen um uns zu schlagen. Die ersten Stiche taten weh, und wir schrien. Hals über Kopf liefen wir, so schnell uns unsere Beine trugen, den kleinen Weg die Böschung hinab. Ein Stich folgte auf den nächsten. Die meisten im Gesicht und auf dem Kopf. Die nackten Beine blieben weitgehend unversehrt.

Tatsächlich ließen die meisten Bienen bei unserem Gerenne von ihrer Verfolgungsjagd ab. Vielleicht hatten sie inzwischen mitgekriegt, dass das hier nichts mit ihrem Drang zu schwärmen zu tun hatte. Überall gingen Fenster und Türen an den Bauernhäusern auf, weil ein solch fürchterliches Kindergeschrei nichts Gutes bedeuten konnte.

Auch die Tante stand schon in der Haustüre und traute ihren Augen nicht. Sie lotste uns in den sauber gefegten Kuhstall und schlug die Tür fest hinter uns zu. Dadurch hatten wir eine ganze Menge Bienen draußen gelassen und nur noch mit wenigen Verfolgern zu kämpfen. Die Tante forderte uns ganz streng auf, sofort alle Kleider auszuziehen und sie einfach auf den Boden zu schmeißen. Sie selbst nahm sich einen Eimer und füllte ihn mit Wasser aus der großen Wanne, die an der Wand stand. Eigentlich wurde es abends zum Tränken der Kühe genutzt. Jetzt kippte sie davon unermüdlich, Eimer für Eimer, Wasser über uns.

Wir schrien noch immer aus Leibes Kräften – auch deswegen, weil das Wasser so kalt war. Die letzten der umherschwirrenden Bienen verflüchtigten sich. Und die, die immer noch auf dem Kopf festsaßen und durch das Wasser nass und schwer geworden waren, holte meine Tante mit einem Tuch aus unseren zerzausten und ebenfalls ganz nassen Haaren.

Endlich beruhigten wir uns wieder. Wir begutachteten uns in unserer Nacktheit eingehender. Ich konnte das linke Auge schon nicht mehr aufmachen, und meine Cousine hatte eine ganz dicke Unterlippe. Bei meiner Schwester war ein Ohrläppchen auf seine doppelte Größe angeschwollen. Und ein Mädchen hatte einen ganz knubbeligen kleinen Finger. Wir alle hatten unzählige Stiche abbekommen.

Die Tante kontrollierte in der Küche, ob nicht irgendwo ein Stachel hängen geblieben war. Das dauerte lange, aber zum Glück musste sie nicht viele Bienenstachel herausziehen. Anschließend strich sie uns eine Salbe auf unsere schmerzenden Stellen. Zum Trost gab es für jede von uns ausnahmsweise ein kleines Eis am Stiel aus dem Dorfladen. Erdbeereis.

Ob die Bienen tatsächlich an diesem Nachmittag noch ausgeschwärmt waren und ob der Nachbar mitgekriegt hatte, wohin, interessierte uns überhaupt nicht mehr. Wir waren mit uns und unseren Wunden beschäftigt. Und nie mehr haben wir uns an einem Schwarmtag in die Nähe eines Bienenhauses getraut.

Der liebe Gott

Der liebe Gott spielte bei uns eine große Rolle. Ohne ihn gab es nichts. Keinen Tag und keine Nacht. Keine Sonne, nicht den Mond oder die Sterne. Alle Pflanzen und Tiere kamen von ihm. Alles, was wir besaßen. Und auch die Kinder. Und die kamen bei uns ja eins nach dem anderen. Mit uns musste es der liebe Gott also besonders gut meinen.

Vor den Mahlzeiten sprach meine Mutter immer ein Tischgebet. Die größeren Kinder konnten die verschiedenen Gebete mitsprechen. Komm, Herr Jesu, sei du unser Gast. Und segne, was du uns gegeben hast. Für uns gab es keinen Zweifel, dass der Herr Jesus auch wirklich dabei war. Als unsichtbarer Gast. So wie ein Engel aus dem Himmel eben unsichtbar war.

Oft wurde ein Gebet auch gesungen. Mein Vater liebte das Singen, und wenn das Leben sonntags etwas langsamer verlief, wurde vor dem Mittagessen mit den vielen Menschen um unseren Tisch ein neuer Kanon eingeübt oder ein schon bekannter gesungen. Denn meistens aßen wir sonntags nicht alleine. Stattdessen gab es jede Menge Besuch: die Oma aus dem Haus, die Familien meiner verheirateten Tanten, der Opa mit der anderen Oma, unsere Tanten ohne Familie. Oder alle zusammen.

Die Tanten ohne Familie kamen besonders gerne, weil immer so viel los war bei uns. Sie wurden von meinen Eltern auch bevorzugt berücksichtigt, waren es doch irgendwie auch arme Geschöpfe, für die der liebe Gott keinen Mann geschickt hatte. Und um arme Geschöpfe musste man sich kümmern.

Beim gemeinsamen Singen bekam ich immer eine Gänsehaut. Die lief mir über den Rücken nach oben, über die Kopfhaut bis zum Scheitel zwischen meinen Zöpfen, und über die Arme bis in die Finger. Manchmal bekam ich auch einen Kloß im Hals. Ich glaubte dann, die Gänsehaut sei darin stecken geblieben. Dabei fand ich das Singen doch so schön. Der ganze Raum hatte sich für mich aufgelöst und war nur noch Gesang.

Alle Erwachsenen sangen aus voller Kehle. Die kleineren Kinder sangen ihre eigenen Worte, weil sie den Sinn der eigentlichen Wörter nicht verstanden. Aus dem Amen wurden die Arme, aus der Güte des Herrn wurde die Grütze. Und das Halleluja hörte sich mehr wie Fallallallala an. Aber das machte nichts. Alle sangen gemeinsam, und wir Kinder gehörten dazu und waren glücklich und strahlten.

Gänsehaut bekam ich auch jeden Sonntag in der Kirche, beim Kindergottesdienst. Und später bei den Gottesdienstbesuchen in der Konfirmandenzeit. Die Orgel der Dorfkirche brauste in meinen Ohren mit ihrem mächtigen Klang. Die Holzbänke waren fast immer voll besetzt, und auch dort wurde leidenschaftlich gesungen. Aber in der Kirche gab es für die Gänsehaut noch einen anderen Grund. Irgendetwas war unheimlich, mein Herz klopfte jedes Mal zum Zerspringen und ich hatte Angst. Nicht so sehr vor unserem Pastor. Der war ein großer, schlaksiger Mann und hatte den Kopf immer ein wenig schief gelegt – wie ein Vogel, der etwas genau betrachten will. Mit dicken Lippen und einer schaumigen Spucke, die in kleinen

Tröpfchen durch die Luft spritzte und hier und da auch die Wange oder die Jacke eines Kirchbesuchers erwischte. Ein wenig verstohlen putzten wir uns die Spuckespritzer mit dem Jackenärmel wieder ab. Nein, Angst hatte ich eher vor dem, was er an furchterregenden Sachen über den lieben Gott erzählte.

Ich kannte die Geschichten schon alle aus unseren Abendandachten am Familientisch. Jedes Mal zankten sich die kleineren Geschwister darum, wer das Kalenderblatt des Tages abreißen durfte. Die biblischen Geschichten, die darauf standen, wurden uns von meiner Mutter oder meinem Vater vorgelesen. Es waren nicht nur die Erzählungen, in denen Jesus kranken und armen Menschen geholfen hatte. Auch Engel mit Schwertern kamen darin vor, Feuer fiel vom Himmel, Pech und Schwefel zerstörten ganze Städte. Und ein Mensch, der kein Jünger Jesu war, kam sowieso in die Hölle.

Außerdem sollten wir alle das Kreuz Jesu auf uns nehmen. Doch das konnte ich nicht. Auf allen bunten Bildern in der großen Bibel auf dem Nachttisch meiner Eltern, die ich mir von Zeit zu Zeit heimlich anschaute, war das Kreuz ein dunkles schweres Holzkreuz. Selbst die stärksten Männer konnten es nur mit Mühe tragen. Für mich war es erst recht zu schwer!

Bei solchen Gedanken kam die Gänsehaut. Irgendetwas musste falsch mit mir sein. Sonst hätte ich davor nicht eine solch große Angst haben können! Der Herr Jesus lud uns doch ganz gütig dazu ein. Und aus den Gesprächen der großen Leute wusste ich, dass auch meine Tanten und Onkel das Kreuz trugen. Wie auch immer das möglich war, denn wir sahen ja kein Kreuz auf ihrem Rücken. Und offensichtlich erlitten sie auch keine Qualen.

Meine Angst lag sicher daran, dass ich nicht wirklich ein Kind Gottes war, sondern eher das meiner Eltern. Und wenn das so war, so hatte ich es schließlich gelernt, konnte der liebe Gott auch ein ganz böser Gott werden.

Jedes Jahr gab es in unserem Dorf eine Bibelwoche für Kinder. Dabei durften wir natürlich nicht fehlen. Neben dem Erzählen der biblischen Geschichten wurde in dieser Woche gemalt, gebastelt und viel gespielt. Manchmal sogar ein kleines Theaterstück zu einer der Geschichten eingeübt. Für all das hatten die Erwachsenen im Dorf ja gar keine Zeit. Also freuten wir uns bei jeder Ankündigung einer Bibelwoche. Zählten die Tage bis dahin, denn wir wussten, dass wunderschöne Nachmittage vor uns lagen.

Am Ende der Bibelwoche fand immer ein Gottesdienst statt, in dem wir den anderen zeigen konnten, welche Lieder wir gelernt hatten und welche Bibelverse wir auswendig konnten. Unsere Theaterstücke wurden aufgeführt. Und die Kirche war immer brechend voll. Nur meine Mutter musste zuhause bleiben, weil immer ein kleines Geschwisterkind zu versorgen war.

Einmal war wohl ein besonders ehrgeiziger Religionslehrer dabei gewesen. Der ließ uns im Abschlussgottesdienst nach der Bibelwoche alle die Hände falten, die Augen schließen und den Kopf senken. Dann forderte er alle auf, die ab heute nur noch dem Herrn Jesus gehören wollten, nach vorne zu kommen. Es wurde totenstill. Keiner scharrte mehr mit den Füßen, keiner räusperte sich, keiner schlug das Gesangbuch auf und zu.

Und meine Gänsehaut kam. Sofort. Überall kroch sie hin. Mein Kloß wuchs ins Unermessliche. Ich dachte, mein Hals müsste platzen. Mir wurde heiß. Man hörte leise Schritte in Richtung Altar. Ich wagte nicht aufzuschauen. Der Mann wartete und forderte immer wieder die Leute auf, nach vorne zu kommen. Es waren ihm wohl noch zu wenige. Ich kämpfte mit Übelkeit. Mein Herz pochte zum Zerspringen. Und ich wollte einfach nur weg. Wenn nur noch ich fehlte, wenn der liebe Gott nur noch auf mich wartete, dann würde das hier noch eine Ewigkeit dauern, dachte ich. Und ging endlich, mit ganz wackeligen Knien, nach vorne. Wenn der liebe Gott mich so sehr wollte, dann sollte er mich auch bekommen. Dann würde es mir ganz bestimmt wieder besser gehen, wenn das alles hier vorbei wäre.

Vorne kniete ich mich wie die anderen auf die Stufen zum Altar hin. Der Mann lächelte mich an und ich wusste: Er hatte tatsächlich nur noch auf mich verlorenes Schaf gewartet. Jedem legte er die Hände auf den Kopf und sprach einen Segen dazu. Anschließend durften wir zurück auf unsere Plätze gehen, und der Gottesdienst ging mit einem Lied zu Ende.

Ich weiß nicht mehr, wie ich nach Hause gekommen bin. Ich weiß nur noch, dass ich zuhause ohne Ende gezittert, gewürgt und gespuckt habe. Ins Bett musste. Und fürchterlich enttäuscht war, denn das Leben mit dem lieben Gott hatte ich mir anders vorgestellt.

Zuhause wurde nicht weiter über das Ereignis gesprochen, obwohl alle – bis auf meine Mutter – mitbekommen hatten, dass ich jetzt ein Kind Gottes war. Aber meine Schwestern und ich erzählten am nächsten Tag unseren Freundinnen davon. Sie waren nicht so gute Kinder Gottes, weil sie nicht so regelmäßig zuhause beteten oder in den Kindergottesdienst gingen. Aber sie ließen sich ganz bereitwillig auf unsere Überlegungen und Pläne ein, wie wir uns von nun an um arme Geschöpfe kümmern könnten. Denn das war ja dasselbe wie Nächstenliebe. Und die hatte Gott gerne.

Nun gab es ein Mehrfamilienhaus auf der anderen Seite der großen Straße, in dem nur Familien wohnten, die irgendwie anders waren. In einer Familie war der Vater gestorben, und die Mutter hatte kein Geld für die Kinder. In einigen Wohnungen lebten Leute mit schwarzen Haaren und bunten Kleidern. Unsere Oma sagte immer, das seien Zigeuner. Und unten in diesem Schlichthaus, in einer ganz kleinen Wohnung, wohnte ein Hausierer, der jeden Morgen seine Koffer nahm und damit zu den Häusern ging. Dort versuchte er, seine Seifen und Schnürsenkel, Nähgarn und Scheren, Schuhcreme und Nagelbürsten, und was er sonst noch so einpackte, loszuwerden. Wenn er zu uns kam, kaufte meine Mutter ihm jedes Mal etwas ab. Manchmal hatte sie sogar auf ihn gewartet. Es gab eine Tasse Getreidekaffee für ihn und ein Schwätzchen. Und wenn er wieder gegangen war, sagte meine Mutter immer, dass dieser Hausierer doch ein ganz armes Geschöpf sei.

Um solche armen Geschöpfe wollten wir Kinder uns nach dieser Bibelwoche eben auch kümmern. Das hatten wir uns fest vorgenommen. Und uns dazu dieses Schlichthaus ausgesucht. Aber so ganz einfach war das mit der Nächstenliebe für uns nicht. Normalerweise machten wir einen großen Bogen um die Kinder aus diesem Haus. Unsere Mütter hatten uns strengstens verboten, mit ihnen zu spielen.

Eines der Mädchen aus der Familie ohne Vater war in unserer Klasse. Wir fragten sie an einem der nächsten

Nachmittage, ob wir nicht zusammen spielen wollten. Ein Leuchten huschte über ihr Gesicht. Erst spielten wir bei uns im Garten und plünderten das Erdbeerbeet. Das war schließlich eine sehr gute Tat, denn unsere neue Freundin hatte Hunger. Und den Hungrigen musste man geben. So stand es auch in vielen Bibelgeschichten. Obwohl bei uns Schwestern doch so langsam ein flaues Gefühl im Magen hochkam. Noch hatte unsere Mutter uns nicht entdeckt, wusste weder, wer heute mit uns über die Wiesen und durch die Gärten lief, noch von dem inzwischen leeren Erdbeerbeet.

Eine von uns hatte die Idee, dass wir uns gegenseitig die Haare waschen könnten. Wir dachten dabei vor allem an unser armes Geschöpf. Im Dorf hieß es, dass sich die Leute aus dem Schlichthaus nicht viel waschen würden und deshalb ranzig rochen. Das mit dem Geruch hatte ich zu meinem Erstaunen noch gar nicht bemerkt, obwohl wir beim Spielen doch ganz dicht beieinander gewesen waren. Jedenfalls waren wir alle begeistert von der Idee. Haarewaschen hatten wir noch nie gespielt. Es war warm, also konnten wir das auch draußen tun. Das würde nicht auffallen, und wir hätten weiter unsere Ruhe bei der Nächstenliebe.

Wir holten also die Zinkschüssel, Haarseife und ein Handtuch aus dem Haus. Warmes Wasser gab es immer auf dem Herd in der Küche. Es war ein herrliches Haarewaschen!

Nachher lagen wir nebeneinander auf der Wiese, kauten Sauerampfer, lutschten Kleeblätter und warteten, bis unsere langen Haare wieder trocken waren. Und wir erzählten uns Geschichten. Bestimmt haben wir unserer

Schlichthausfreundin an dem Nachmittag Löcher in den Bauch gefragt. Wir sahen ihr nach, als sie abends ganz fröhlich in Richtung neue Siedlung hüpfte. So unauffällig und leise wie möglich räumten wir all das Zeug vom Haarewaschen wieder weg.

Natürlich hatte meine Mutter vor dem Abendbrot das abgegessene Erdbeerbeet schon entdeckt. Sie fing fürchterlich an zu schimpfen, denn sie wollte doch eigentlich der anderen Oma zum Geburtstag am Sonntag einen Erdbeerkuchen backen. Auch alles andere kriegte sie, mit einem scharfen Blick auf unsere zerfransten Zöpfe und ein paar strengen Fragen, heraus. Wir erhielten eine gehörige Predigt. Zudem verbot die Mutter uns, noch einmal da herumzuschleichen oder gar jemanden von dort mit zu uns zu nehmen. Für den morgigen Nachmittag gab es die Ankündigung, Taschentücher zu bügeln, kleine Brüder im Kinderwagen spazieren zu fahren und den Weg von Unkraut freizukratzen. Wir waren ganz zerknirscht und kleinlaut. Und verstanden die Welt nicht mehr, denn wir hatten doch nur richtige Kinder Gottes sein wollen.

Aber es kam noch schlimmer. Am nächsten Tag entdeckte meine Mutter beim Zöpfe flechten, dass zwei von uns Läuse hatten. Woher auch immer. Weil sie aber überzeugt davon war, dass wir sie uns im Spiel von der da drüben geholt hatten, war es von da an gänzlich aus mit der Nächstenliebe für die Schlichthauskinder. Wir mussten uns andere arme Geschöpfe suchen, um die wir uns kümmern konnten. Ich fand das höchst ungerecht. Und war mir ganz sicher, dass das auch der liebe Gott so sah.

Spiele

Wenn die Erwachsenen uns ließen, dann spielten wir Kinder den ganzen Tag. Am liebsten draußen. Wir schaukelten im Hof. Wir buddelten in den Sandhaufen, die an jedem Haus lagen, gruben Tunnel und bauten Burgen. Mit ausrangierten Küchenutensilien. Wir backten Kuchen und verzierten ihn mit Steinchen und Blättern, Blüten und dünnen Ästchen. Und verkauften ihn an uns als Kundinnen. Sahne gab es nur mit Zimt oder Schokoladenpulver, denn der Matsch war ja braun. Also konnte die Sahne nicht weiß sein.

Wir spielten mit dem Ball. Wenn es einen gab. Bälle gingen leicht kaputt, und wir kriegten nicht sofort einen neuen. Fangen und Werfen übten wir. Den Ball so hoch werfen, wie man nur konnte, dann sich im Kreis drehen und dabei klatschen. Wer am häufigsten klatschen konnte, bevor er den Ball wieder auffing, war Sieger.

Mit Stöcken malten wir uns Kästchen auf die Wege, für unsere Hüpfspiele. Wir spielten Doktor und Patient oder gingen auf Weltreisen, in den Nachbargarten oder in die Scheunen.

Unser Lieblingsspiel aber war Vater, Mutter, Kind. Auf der Wiese, im kleinen Wäldchen unserer Freundinnen, am Fischteich in der Nachbarschaft. Eigentlich überall. Und bei schlechtem Wetter auch im Haus. Bei diesem Spiel konnten alle mitspielen. Es gab in unseren großen Familien jede Menge Rollen auszufüllen, und wenn wir Lust dazu hatten, dachten wir uns noch zusätzlich welche aus.

Zuerst bauten wir unser Haus. Jede Familie hatte doch ein Haus. Wir hängten draußen alte Wolldecken über die untersten Äste der Obstbäume und klammerten sie mit Wäscheklammern aneinander, sodass es aussah wie ein Zelt, das am Boden mit dicken Steinen festgehalten wurde. Oder wir schleppten Bretter und Äste zusammen und bauten uns daraus im Wäldchen ein Dach. Den Boden unserer Hütte legten wir mit Moos und Gras aus, sodass es darin schön weich war. Denn ein Zuhause musste doch auch gemütlich sein. Die wenigsten Vorbereitungen brauchten wir beim Fischteich, weil es dort eine kleine Holzhütte gab, die nicht abgeschlossen war. Mit Bänken, einem Tisch und einem Wandregal mit Gläsern. Dort konnten wir sofort anfangen mit dem Spiel.

Der Vater unserer Spielfamilie war meistens weg. Er arbeitete in Sichtweite, sägte Holz oder reparierte etwas am Haus, knatterte mit dem Traktor, also einem alten Baumstumpf, aufs Feld, trieb mit einem Stock unsichtbare Kühe durchs Dorf. Oder er fuhr mit dem Bus in die nächste Stadt, ins Büro. Wobei wir anderen dann nicht wussten, was der Vater dort tat. Das war also langweilig.

Kam er wieder zurück, hatte er fast immer Hunger. Und einen Grund zu schimpfen: Auf die Mutter, die das Essen noch nicht gekocht, zu viel Holz verbraucht oder die Kühe noch nicht gemolken hatte. Weil ein Huhn tot im Stall gelegen hatte. Oder er schimpfte auf die Kinder, die zu dreckig waren oder zu laut und zu frech, die ihre Hausaufgaben nicht gut genug gemacht hatten oder die zu spät vom Spielen nach Hause gekommen waren. Der Spielvater war immer sehr streng. Und manchmal tat er so, als ob er uns Kinder schlagen würde für das, was wir Schlimmes getan hatten. Dabei klatschte er sich selbst in die Hand. Die Kinder hielten sich die Wangen und jammerten.

Die Mutter hatte viel mit dem Haushalt und den Kindern zu tun. Sie schmierte ihnen Schulbrote, kämmte ihre langen Haare und flocht sie zu Zöpfen. Sie kochte mit Wasser aus dem Teich oder aus dem Wurmbach Suppe. Oder Knödel, die sie aus matschiger Erde formte und ihrer Familie servierte. Sie heizte den Herd und fegte den Fußboden. Sie wusch die Wäsche und bügelte.

In unserem Spiel war die Mutter immer sehr beschäftigt und dabei oft schlecht gelaunt. Sie wusste nicht, wie sie das alles schaffen sollte und musste sich sehr anstrengen. Deshalb war sie ungeduldig mit den Kindern, schimpfte schnell und hatte überhaupt keine Zeit für sie. Am besten war es, nicht in ihrer Nähe zu spielen.

Manchmal schickte die Mutter die Kinder zum Kaufmann ins Dorf. Anschließend kamen sie mit Tannenzapfen, Blumen, Gräsern, kleinen Stöckchen oder Steinchen zurück. Es waren die Dinge, die sie einkaufen sollten. Die Kinder versuchten, ganz brav zu sein und ganz fleißig. Oder, nach Absprache, auch ganz frech. Sie hielten immer zusammen, auch gegen die Erwachsenen. Waren sie ungehorsam, hatten die Eltern einen Grund, loszuschreien oder furchterregend mit Stöcken in der Luft nach ihnen zu schlagen.

Manchmal geschah es, dass wir uns aus Versehen mit den Stöcken trafen. Keiner war dann dem anderen böse. Wir weinten in echt ein bisschen, trösteten uns untereinander oder rieben uns nur die getroffenen Stellen. Am nächsten Tag gab es blaue Flecken. Die Erwachsenen fragten nicht weiter nach.

Dank der großen Kinderschar in unserem Spiel konnten immer viele Kinder mitspielen, vor allem meine kleinen Brüder, wenn meine Schwestern und ich mal wieder auf sie aufpassen mussten. Sie wurden dann auch tatsächlich gewickelt oder an einem Baumstamm abgehalten zum Pinkeln. Aber weil sie das Spiel noch nicht verstanden und wir ihnen genau vorschrieben, was sie tun oder lassen sollten, was sie sagen durften und was nicht, machte es ihnen meist nach kurzer Zeit keinen Spaß mehr. Sie fingen an zu quengeln. Dann waren wir alle sehr ungeduldig und streng zu ihnen. Und wenn es eben ging, brachten wir sie zurück zu unserer Mutter nach Hause. Sie waren uns Mädchen ein Klotz am Bein.

Einmal erzählte die alte Nachbarin bei einem kurzen Besuch, sie habe in einer Kiste auf dem Speicher ihr altes Brautkleid gefunden. Schon halb von den Motten zerfressen. Wir bettelten sie solange an, bis sie uns das Brautkleid zum Spielen gab. Es wurde unser Schatz! Jetzt konnten wir auch Hochzeit spielen. Weil uns das Kleid viel zu groß war, sah es so aus, als hätte es eine lange Schleppe. Die Braut unter uns musste also Brautjungfern haben, die diese Schleppe trugen. Wir durften den schwarzen Hut von unserem Vater für den Bräutigam nehmen. Der Pastor bekam den dunkelgrauen Wollschal unserer Oma um die Schultern gelegt. Mit einem goldenen Band zusammengebundene Zeitungen waren die Heilige Schrift. Die Hochzeit konnte beginnen.

Auf der Wiese oder auf Baumstümpfen saßen die Kirchbesucher. Der Vater der Braut brachte sie in die Kirche und stellte sie an die Seite des Bräutigams. Denn das wussten wir, dass nach dem Heiratsantrag bei den Eltern der Braut diese vom Vater an ihren Mann übergeben werden musste. Damit sie zum Glück wieder jemanden hatte, der ihr durch das Leben half und auf sie aufpasste.

Irgendwann war ich die Braut. Jemand rief, dass sich Braut und Bräutigam auch küssen müssten. Das war schwierig, denn Küsse bekamen wir alle selten. Und wenn, dann flüchtig auf die Wange. Ich erschrak und wollte protestieren. Aber schon hatte sich meine Freundin, die den Bräutigam spielte, umgedreht und mir einen richtigen Kuss auf den Mund gedrückt. Auf den Mund!

Mir wurde von oben bis unten ganz heiß. War das ein komisches Gefühl. Das fühlte sich ganz anders an als die Küsschen der großen Leute auf die Wange. Damit hatte ich nicht gerechnet. Hoffentlich hatte das keiner der Erwachsenen zufällig gesehen. Das durften wir doch nicht. Das taten doch nur die Erwachsenen, wenn sie wirklich geheiratet hatten. Und die kriegten auch Kinder davon.

In mir überstürzten sich die Gedanken, Ängste und Gefühle. Es kribbelte überall. Die anderen Mitspieler kicherten verlegen vor sich hin. Ich wischte mir voller Scham über den Mund und lief weg, so schnell ich das mit dem Brautkleid konnte, versteckte mich weinend in unserer Waschküche hinter dem Waschkessel. Als die anderen mich endlich gefunden hatten, versprachen sie mir, dass wir nie wieder Hochzeit mit Küssen spielen würden.

Wenn unsere Mutter die Betten abgezogen hatte und die frisch gewaschene weiße Bettwäsche im Dutzend auf den Leinen draußen im Garten hing, dann spielten wir gerne Wind. Wir liefen im Gänsemarsch hintereinander zwischen den Wäschereihen hin und her und pusteten, so fest wir konnten. Und schlugen mit unseren Händen gegen die großen Wäschestücke, die dadurch auch hin- und herschaukelten. Wie im Wind.

Oder wir zogen die Laken und Bettbezüge auseinander und taten so, als ob wir durch einen Tunnel liefen. Unsere Hände waren aber oft genug schmutzig, vor allem die der jüngeren Brüder. Und die weiße Wäsche sah in Höhe unserer Hände nach kurzer Zeit entsprechend bräunlich aus.

Unsere Mutter jagte uns laut schimpfend weg, wenn sie uns beim Windspielen erwischte. Entdeckte sie die Spuren des Windes erst abends beim Abhängen der trockenen Wäsche, wurde nicht weniger geschimpft. Das Abendessen verlief anschließend fast schweigend. Und beim Abendgebet mussten wir Großen um Vergebung bitten. Trotzdem spielten wir immer wieder Wind.

Es kam vor, dass bei unseren Spielen draußen die Jagdbomber ihre Runden flogen. Im Tiefflug. Mit diesem höllischen Lärm, den so ein Überschallflugzeug macht, besonders wenn der Knall kommt. Sie erschienen überraschend am Himmel, keiner konnte sich vorbereiten. Und es waren immer mehrere Flugzeuge. So einen Lärm konnte keiner aushalten. Jedenfalls wir nicht. Egal, wie viele Kinder gerade bei uns auf dem Hof spielten, egal, was wir spielten und wie alt wir waren – wir schrien aus voller Kehle vor Angst. Wir hielten uns die Ohren zu und rannten, so schnell wir konnten, in die Küche. Die Kleineren unter uns wurden mitgezogen.

Manchmal schaute uns ein Erwachsener, der draußen im Garten oder im Hof arbeitete, mitleidig und zugleich verständnislos nach. Sie schien das überhaupt nicht zu stören.

Stellt euch nicht so an, riefen sie uns hinterher. Das kennt ihr doch inzwischen. Das muss sein. Sonst gibt es wieder Krieg mit den Russen.

Wir kannten Russen nur aus den Kriegserzählungen von unserem Opa und anderen Onkeln und Tanten. Mit der Zeit stellten wir uns Männer mit dunklen Bärten und zusammengekniffenen Augen vor, kaputte Stiefel, ein Gewehr in der Hand. Die sehr böse guckten und uns und das Land klauten. Und nach Sibirien verschleppten. Nach Sibirien wollte keiner von uns. Es reichte, dass der Nikolaus von dort kam, auch wenn er kein Russe war. Und dass unartige Kinder kurz vor Weihnachten von ihm mitgenommen und dorthin gebracht wurden.

Das war nämlich tatsächlich einmal vorgekommen. Die ganze Familie hatte sich im Wohnzimmer um den Adventskranz versammelt, zusammen mit der Oma und zwei unverheirateten Tanten, die bei uns wohnten. Wir warteten auf den Nikolaus. Als er vor uns stand, in seinem roten Mantel, mit seinem langen weißen Bart und seinem Sack, da hörten wir doch ein Kind im Sack weinen! Das weinte während der ganzen Zeit, in der wir unsere auswendig gelernten Gedichte und Lieder vortrugen. Und der Nikolaus uns drohend und mit lauter Stimme unsere Untaten vorhielt, die in seinem großen Buch vermerkt waren, und zur Besserung mahnte.

Die Tüte mit der Apfelsine und dem Apfel und einigen Plätzchen, die meine Mutter im Auftrag des Christkinds schon gebacken hatte und im Keller aufbewahrte, war uns dieses Mal fast unwichtig. So sehr waren wir alle mit dem weinenden Kind im Sack beschäftigt. Als der Nikolaus uns erklärte, dass er das Kind mit nach Sibirien nähme, wussten wir gar nichts mehr zu sagen. Uns stockte der Atem. Später, beim Abendbrot, fragten wir uns, was denn das Kind wohl so Schlimmes angestellt hätte, dass es zur Strafe mit nach Sibirien musste.

Weil das Kind so schwer war, musste mein Vater dem Nikolaus sogar beim Tragen über den Hof helfen. Danach war seine Reise mit dem Schlitten und seinen himmlischen Rentieren einfacher für ihn. Trotz des schweren Sacks. Hofften wir. Damit er nächstes Jahr nicht schlechtgelaunt wiederkommen und dann vielleicht einen von uns in den Sack stecken würde.

Wenn also die Tiefflieger kamen, verkrochen wir uns in der Küche unter dem großen Küchentisch. Hier fühlten wir uns sicher. Unser Geschrei ebbte ab. Oft war mir, als hörten wir gegenseitig, wie laut unsere Herzen schlugen. Atemlos und mit angezogenen Knien warteten wir, bis die Jagdbomber ihre Runden durch die Täler beendet hatten. Auch wenn das Ganze nur wenige Minuten dauerte, kam es uns jedes Mal vor wie eine Ewigkeit. Erst wenn die Luft ganz rein war, krochen wir wieder unter dem Tisch hervor.

Wir versuchten weiterzuspielen. Das klappte nicht immer, denn das Getöse der Bomber hatte bei uns etwas unwiederbringlich kaputtgemacht. Wir waren ganz still, ein bisschen wie betäubt, und mussten uns erstmal neu sortieren. Es blieb ein fader Geschmack im Mund, eine Kraftlosigkeit im ganzen Körper. Wir mussten uns schütteln, um diese fürchterlichen Ungeheuer am Himmel und unser Zittern vor ihnen wieder loszuwerden. Krieg mit solchen Flugzeugen musste schrecklich sein. Schon wegen des brüllenden Lärms, der sich wie Nadelstiche überall in unsere Körper bohrte und schmerzte. Einmal hob der Nachbarsjunge sogar einen dicken Stein auf und schmiss ihn hinter den Flugzeugen her. Ich hasste sie mehr als alle Nachtgespenster zusammen.

Manchmal wurde aus einem Spiel auch bitterer Ernst. Meine Schwestern und ich waren mal wieder bei der anderen Oma in den Ferien und spielten in einem der Sandhaufen. Ich verkündete, dass ich einkaufen wolle, und schnappte mir den roten Roller von einem der Kinder, der dort herumlag. Normalerweise wäre ich bloß bis zur nächsten Wiese gefahren oder bis zum nächsten Steinhaufen, um von dort ein paar Dinge mitzubringen, die wir beim Spiel gebrauchen konnten. Doch schon nach wenigen Metern kam mir die Idee, wirklich einen großen Ausflug zu machen und im nahegelegenen Städtchen einzukaufen.

Ich strampelte also weiter die Schotterstraße entlang und reagierte nicht mehr auf das erstaunte und warnende Rufen der anderen. Nur an wenigen Häusern musste ich vorbei, schon war ich aus dem Dorf heraus. Es ging leicht bergab und ich musste tüchtig aufpassen, dass ich mit dem Roller nicht zu schnell wurde.

Am Straßenrand standen dicke, alte Bäume, mit Löchern im Stamm. An einigen machte ich eine Pause, um nachzuschauen, ob ich in den unteren Löchern etwas entdecken würde. Ein Eichhörnchen vielleicht oder ein Vogelnest. Einmal hielt ich an, um zu pinkeln. Nur sehr selten fuhr ein Auto oder ein Traktor an mir vorbei. Keiner hielt an und fragte, was ich denn da ganz alleine in der Welt so machte. Ich kam mir sehr groß vor. So war das also, wenn man in die Welt zog.

Irgendwann musste eine Baustelle mit einer Baustellenampel kommen, das wusste ich. Denn die alte Schotterstraße sollte geteert werden. Und ich wusste auch, dass man an der Ampel nur dann vorbeidurfte, wenn das untere Licht leuchtete. Ich wartete also ab, bis das Licht wechselte, und fuhr erst dann weiter.

Jetzt war ich aber schon so weit vom Haus der anderen Oma entfernt, dass mich im nächsten Dorf ein mulmiges Gefühl überfiel. Die Welt war ja doch ganz schön groß. Meine Beine wurden langsam schwer, Durst und Hunger hatte ich auch. Aber zurück wollte ich auf keinen Fall. Das wäre ja wie eine Niederlage gewesen. Gegen mich selbst und meinen mutigen Entschluss. In meinem Kampf gegen die Angst, die mich immer mehr beschlich.

Mir kam die rettende Idee: Ich könnte doch einfach nach Hause fahren und dort einen kurzen Besuch machen, bevor ich wieder zu der anderen Oma zurückstrampelte. Denn unser Dorf lag tatsächlich auf dem Weg ins Städtchen. Das wäre keine so große Niederlage für meinen Mut.

Also fuhr ich wirklich auf unserem Hof vor und stolzierte ziemlich müde in die Küche. Meine Mutter und meine Oma saßen am Küchentisch und hatten wohl gerade etwas zu besprechen. Ihre Augen wurden so groß, wie ich sie noch nie gesehen hatte. Zuerst wussten sie gar nichts zu sagen. Dann aber ging das Fragen los. Wo ich herkomme. Mit wem oder was ich gekommen sei. Ob denn die andere Oma Bescheid wisse. Und ob ich noch zu retten sei. Ob ich denn von allen guten Geistern verlassen wäre. Und dass ich dem Herrgott auf Knien danken müsse, dass mich unterwegs keiner geklaut habe. Und dass man mich demnächst anbinden müsse, damit ich meine dummen Gedanken nicht nochmal in die Tat umsetze.

Mit keinem Wort wurde meine Weltreise gelobt. Keiner freute sich über mich und meine Heldentat. Ich war ein wenig verdattert, weil ich mich doch so mutig gefühlt hatte. Und Mut wurde sonst immer so gefeiert.

Ich bekam zu trinken und zu essen. Meine Mutter rannte zum Bürgermeister, denn der hatte ein Telefon. Von dort rief sie jemanden aus dem Dorf der anderen Oma an, der ihr dann wiederum Bescheid gab. Damit die sich weiter keine Sorgen um mich machte.

Mein Vater packte mich und den roten Roller in seiner Mittagspause ohne ein weiteres Wort in seinen kleinen *Prinz* und fuhr mich zurück zu der anderen Oma. Dort ging das Fragen von vorne los. Und auch das Schweigen. Niemand konnte verstehen, warum ich diesen Ausflug gemacht hatte. Das hätte mir doch klar sein müssen, dass so etwas auf jeden Fall verboten war. Aus meinen Antworten wurden sie nicht klug.

Aber wenigstens in den Augen meiner Schwestern und Cousinen schimmerte großer Respekt. Und das musste mir als Lob für die erste große Fahrt meines Lebens genügen.

Auf eine ganz andere Reise ging eines Tages meine Schwester. Wir hatten mit einem Mädchen gespielt, das selten bei uns zu Besuch war. Sie wohnte in den neuen Mietshäusern jenseits der großen Straße, aber sie war keins von den Schlichthauskindern. Den ganzen Nachmittag hatten wir uns mit unseren Puppen beschäftigt, die eine Tante für jede von uns gestrickt hatte. Sie wurden aus- und angezogen, gefüttert, gewickelt und in eine Ecke gelegt zum Schlafen. Wenn die Puppenkinder schrien, hoben wir sie hoch und klopften ihnen vorsichtig auf den Rücken, damit sie endlich ihr Bäuerchen machten und wieder einschlafen konnten.

Meine Schwester hatte sich an diesem Tag wohl sehr über unsere Mutter geärgert. Jedenfalls schimpfte sie wie ein Rohrspatz. Sie sei es leid, hier zu wohnen, verkündete sie entschlossen. Jetzt würde sie ein paar Sachen in ihren Puppenkoffer packen und zu der Freundin ziehen. Diese hatte nämlich keine Geschwister und daher in ihrem eigenen Zimmer viel Platz.

Das konnten wir uns nun überhaupt nicht vorstellen: ein eigenes Zimmer zu haben und keine Schwestern und Brüder, Tanten und die Oma um uns herum. Zuhause schliefen wir Kinder alle zusammen mit den Eltern in einem Zimmer, in Doppelbetten, Kinderbetten, Gitterbetten, Stockbetten, Klappbetten oder auf der Couch. In diesem gemeinsamen Schlafzimmer gab es keinen Ofen, sodass an kalten Wintertagen das Putzwasser, mit dem unsere Mutter den Dielenboden gewischt hatte, zu einer dünnen Eisschicht gefror.

Das Leben unserer Freundin hörte sich so verlockend an. Ich war sehr neidisch auf meine Schwester, denn sie würde von jetzt an nicht mehr abwaschen und abtrocknen müssen, die Küche fegen oder Schuhe putzen, und auch nicht mehr auf kleine Brüder aufpassen. So mutig hatte ich sie noch nie erlebt. Sie packte tatsächlich ihren blauen Puppenkoffer und zog mit ihrer Freundin los, den Feldweg hinunter ins Dorf.

Mich überkam eine schreckliche Angst, dass sie von nun an einfach weg sein könnte. Nie wiederkäme und wir ohne sie weiterleben müssten. Noch schrecklicher war der Gedanke an unsere Mutter. Wenn eines ihrer Kinder weg wäre und nie wiederkäme, würde sie bestimmt sehr weinen und furchtbar traurig sein. Womit sollten wir Übriggebliebenen sie denn dann trösten? Nein, diese Vorstellung war nicht auszuhalten. Und so lief ich zu meiner Mutter in die Küche und erzählte ihr ganz aufgeregt, was passiert war.

Meine Mutter ließ alles stehen und liegen, schnappte sich die Jacke und lief sofort los, hinter den beiden Mädchen her. Wir anderen Kinder standen alle im Hof und warteten gespannt auf ihre Rückkehr. Nach nicht allzu langer Zeit kamen sie tatsächlich beide zurück, meine Mutter zog meine widerspenstige Schwester förmlich ganz fest hinter sich her.

Beide sagten kein Wort. Meine Mutter schien sehr böse zu sein. Aber da war noch etwas anderes: Sie hatte Tränen in den Augen. Und ich sah, dass es keine Wuttränen waren. Warum musste sie denn gleich weinen? Sie hatte doch ihr Kind wieder. Es war nicht verloren gegangen und gehörte weiterhin zu uns.

Im Haus ließ meine Mutter meine Schwester einfach stehen und ging wieder in die Küche. Ich war verwirrt, denn ich hatte mir ausgemalt, wie fröhlich und erleichtert sie zurückkommen würde. Aber das hier hatte mit Freude und Erleichterung nichts zu tun.

Wir Mädchen schlichen nach oben zur Oma. Und meine Schwester flüsterte uns in der hintersten Wohnzimmerecke zu, dass sie der Mutter gesagt habe, warum sie ausziehen wolle. Dass es ihr zuhause mit so vielen Geschwistern überhaupt nicht gefalle. Immerzu müssten wir helfen, wir hätten nicht genügend Platz und nie habe die Mutter oder der Vater Zeit. Und dann sei die Mutter ganz komisch geworden.

Unsere Oma bekam ein bisschen von diesem Bericht mit. Sie strich uns allen über den Kopf und meinte, wir dürften nie wieder mit unserer Mutter so reden. Denn die habe es schwer genug. Wir müssten ihr doch eher helfen.

Da fingen wir an zu protestieren: Wir würden schon so viel tun. Aber die Oma bestand darauf: Am besten sei es für die Mutter, wenn wir gehorsame und liebe Mädchen seien. Dann würde sich alles andere im Laufe der Zeit von alleine regeln. Und mehr wurde über diesen Zwischenfall im Haus nicht geredet.

Feste feiern

Jedes Fest in unserer Familie wurde sehnlichst erwartet. Zumindest von den Kindern. Von den Erwachsenen weiß ich das nicht so genau. Für sie bedeutete ein Fest natürlich auch mehr Arbeit, wegen all der Vorbereitungen. In jedem Fall war es eine willkommene Abwechslung im Einerlei des Alltags. Mit Besuch und Kuchen, Geschenken, besonderen Spielen und Gewohnheiten. Mit Festkleidern und vielleicht einem zusätzlichen Badewannentag im Vorfeld.

Weil wir so viele Menschen im Haus waren, gab es auch viele Geburtstage zu feiern. Wir Kinder zählten die Tage bis zu unserem besonderen Tag. Dieser eine Tag im Jahr gehörte nur uns. Kein Erwachsener störte uns und unsere eingeladenen Freunde bei den besonderen Spielen, die nur an Geburtstagen gespielt wurden. Die Mutter kümmerte sich um unsere Geburtstage nur insofern, dass sie den Geburtstagstisch mit der Kerze vorbereitete, den Kuchen vorher backte und den Kaffeetisch deckte.

Wir konnten es also gar nicht erwarten, an dem einen besonderen Morgen wach zu werden. Zu meinen Geburtstagen kamen immer die beiden Mädchen aus der Nachbarschaft, mit denen wir am meisten spielten. Und auch die beiden Cousinen vom Bauernhof, sozusagen als Ferienfreundinnen. Mehr Kinder durften wir nicht einladen, hatte meine Mutter festgelegt. Denn sonst hätten gar nicht alle um den Küchentisch gepasst. Beim Kaffeetrinken saßen ja auch meine kleinen Brüder dabei.

Den Freundinnen sagte ich ein paar Tage vorher genau, wann meine Geburtstagsfeier anfangen würde. Wichtig war nur die Uhrzeit. Dass sie kommen würden, war längst klar. Darüber brauchte man nicht jedes Jahr wieder zu reden. Und Einladungen mit kleinen Kärtchen oder selbstgemalten Bildchen gab es sowieso nicht.

Meine Mutter fragte mich vorher, welchen Kuchen sie denn backen solle. Damit war immer ein Obstboden gemeint. Bei mir musste es jedes Jahr der Ananaskuchen sein. Wenigstens dieses eine Mal im Jahr. So wie wir in der Nikolaustüte immer eine Apfelsine fanden. Die gab es auch nur dieses eine Mal im Jahr. Den Ananaskuchen aß ich für mein Leben gern. Obwohl so eine Dose Ananas ganz schön teuer war. Und meine Mutter jeden Pfennig umdrehen musste, bevor sie ihn ausgab. Sagte sie jedenfalls. Aber bis auf ein Jahr hat es den Ananaskuchen trotzdem immer gegeben.

In diesem einen Jahr hatte meine Mutter meinen Geburtstag ganz vergessen. Sie hatte zwar wieder nach meinem Kuchenwunsch gefragt, und deshalb war für mich in den Tagen davor noch alles in Ordnung gewesen. Aber am Geburtstagsmorgen passierte es dann. Normalerweise gratulierten alle in der Küche beim Frühstück dem Geburtstagskind. Aber weil meine Mutter mir nicht gratulierte, dachte wohl auch sonst niemand daran.

Ich war wie eingefroren. Und sehr verwirrt und traurig. Ich wusste doch ganz genau, dass heute mein Geburtstag war! Weil sich aber meine Traurigkeit mit Wut und Stolz vermischte, sagte ich kein Sterbenswörtchen. Sollten sie mich doch alle vergessen, ich würde auch so ein Jahr älter werden.

Aber das hielt ich nicht lange durch. Schon auf dem Weg in die Schule heulte ich wie ein Schlosshund vor meinen Freundinnen. Denn die hatten natürlich daran gedacht und freuten sich auf den heutigen Geburtstagsnachmittag. Sobald sie ihre Glückwünsche ausgesprochen hatten, waren bei mir alle Schleusen aufgebrochen, und der Tränenstrom wollte nicht versiegen. In der Schule gratulierten ebenfalls alle, auch der Lehrer. An seinem Ehrentag musste man keine Hausaufgaben machen. Und ausnahmsweise durfte ich mir dieses Mal wegen meines großen Kummers auch noch meinen Sitzplatz für den Tag aussuchen. Das Mitgefühl der anderen tat mir so gut!

Mit einem flauen Gefühl im Magen kam ich mittags nach Hause. Was würde jetzt passieren? War meine Mutter vom Blitz getroffen worden, weil ihr mein Geburtstag im Laufe des Vormittags wieder eingefallen war? Meine Schwestern, die schon morgens auf dem Schulweg an meinen Geburtstag erinnert worden waren, fanden es ganz schrecklich, dass beim Frühstück keiner daran gedacht hatte. Würden sie es der Mutter sagen?

Tatsächlich überraschte mich meine Mutter zum zweiten Mal an diesem Tag. Denn sie entschuldigte sich bei mir! Das war noch nie vorgekommen, und ich kam mir sehr großherzig vor, dass ich ihr dieses Vergehen verzeihen konnte. Fast so wie der liebe Gott, der einem ja auch immer verzieh, wenn man ihn nur reumütig genug darum bat. Und den Geburtstag des eigenen Kindes sollte eine Mutter doch niemals vergessen. Aber es tat ihr wirklich sehr leid. Sie schaute mich beim Mittagessen immer wieder mit ganz traurigen Augen an.

Die ganze Kinderschar durfte nachmittags statt des Ananaskuchens so viele Waffeln mit Sahne oder Marmelade oder Zucker und Zimt essen, wie in die Bäuche hineinpasste. Nichts wurde eingeteilt. Und das war für uns ja fast noch besser als ein einziges kleines Stück Obstkuchen für jeden.

Zu den Geburtstagen zogen sich immer alle sehr feierlich an, ganz gleich, ob ein Jungen- oder ein Mädchengeburtstag gefeiert wurde. Wenn die Mutter nicht ganz so streng war wie sonst, malten wir Mädchen uns für diesen Tag die Fingernägel mit einem roten Buntstift an, ebenso wie unsere Lippen. Wir mussten richtig fest in die weiche Haut drücken, und das tat weh.

Wer schön sein will, muss leiden. Sagte unsere Oma dann ohne jegliches Mitleid zu uns. Denn wir bemalten uns immer oben in ihrer Küche. Unten war für solche Dinge überhaupt kein Platz. Und unsere Mutter hätte uns das Anmalen vielleicht doch noch verboten, hätte sie uns dabei erwischt. Die Oma zeterte nicht weiter herum, sie ging uns eher aus dem Weg.

Nur manchmal schüttelte sie ihren Kopf: Putzt euch nicht so heraus, das machen nur *gefallene Mädchen*. Für unseren Herrgott seid ihr auch ohne rote Lippen schön genug.

Das mit den gefallenen Mädchen verstanden wir nicht so recht. Denn wir wollten ja als Mädchen den anderen gefallen. Also störte es uns oben in der kleinen Küche auch nicht weiter, dass der Herrgott unsere roten Lippen vielleicht nicht so mochte und er deswegen traurig wurde. Wir schminkten uns mit stiller Wonne, bis wir uns endlich genauso hübsch fanden wie die hübscheste Prinzessin.

Mit den Geschenken hatten wir uns vorher viel Mühe gegeben. Es war immer etwas Selbstgebasteltes. Die Jungen falteten ihren kunstvollsten Flieger aus Papier und malten ihn an, so gut sie es konnten. Manchmal gaben sie schweren Herzens einen ihrer schönsten gefundenen Steine aus dem Wurmbach ab. Oder sie hatten im Frühjahr eine Pfeife aus Eschenholz für den Freund geschnitzt. Mit ihren Taschenmessern. Manchmal auch mit einem kleinen Küchenmesser, natürlich heimlich. Wenn dabei ein Stückchen von der Klinge abbrach, was häufig passierte, war es aus mit der Heimlichkeit. Dann gab es Ärger.

Wir Schwestern liebten es, kleine Pflanzkörbchen zu basteln. Dafür wurden aus einem Eierkarton zehn einzelne Pflanzschälchen geschnitten und bunt angemalt. Anschließend füllten wir in jedes ehemalige Eierkörbchen Erde vom Kompost oder aus dem Gartenbeet und streuten Samen hinein. Im frühen Frühjahr steckten wir Blumenzwiebeln von Schneeglöckchen oder Krokussen in die Erde, im späten Frühjahr waren es Kräutersamen oder Samen von Wiesenblumen, die wir aus dem Keller unserer Mutter holten. Um die Osterzeit wurde Moos gesammelt und in das Eierkörbchen gestopft. Als Krönung legten wir ein bunt verpacktes Schokoladenei ins feuchte Grün. Länger als einen Tag vor der Feier durfte ein solches Geschenk nicht fertiggestellt werden, sonst hätte der Karton von der Erde schon so viel Feuchtigkeit aufgenommen, dass er beim Überreichen zerbrochen wäre.

Tagelang malten wir Mädchen die schönsten Bilder. *In ewiger Freundschaft* schrieben wir darunter. Wir schnippelten und bastelten ein Spiel aus Papier, mit dem wir alle zusammen am Geburtstag spielen konnten. Himmel und

Hölle war eines unser Lieblingsfingerspiele. Oder wir flochten oder häkelten Bänder für unsere Zöpfe und Pferdeschwänze. Besonders viel Arbeit machte es, wenn wir wochenlang Apfelkerne trockneten, um sie dann mühsam zu einer Kette aufzufädeln.

Manchmal kaufte die Mutter aber doch Geschenke: Stofftaschentücher mit Märchenmotiven für die Freundin. Ein neues Pixie-Buch. Oder ein kleines Matchbox-Auto für den Freund. Diese Autos waren ganz neu in den Geschäften in der Stadt zu haben, und alle Jungen waren wild darauf. Endlich keine Holzautos mehr!

Die Geburtstagsgeschenke lagen bei uns zuhause neben dem Volksempfänger auf dem kleinen Schränkchen. Mittendrin eine Kerze für das Geburtstagskind. Von den Patentanten bekamen wir immer sehr nützliche Dinge: ein Buch zum Lesen oder einen selbst gestrickten Pullover. Und die Oma aus dem Haus brachte meistens einen kleinen Strauß Blumen aus dem Garten, der kam auf den Kaffeetisch. Wenn ein Geburtstag in den Herbst oder Winter fiel, war ihr Geschenk noch lustiger. Denn dann überreichte sie ein Schälchen Haselnüsse oder einen kleinen Tannenast, an dem ein Zapfen hing. Oder sie schenkte uns selbst gebastelte Kastanienmännchen oder Männchen aus Eicheln, mit denen wir nach der Feier auch noch spielen konnten.

Später wurden die geschenkten Bücher in einer der Obstkisten verstaut, die neben dem Schornstein im Wohnzimmer übereinandergestapelt waren. Mit der Öffnung nach vorne, sodass wir uns die Bücher immer alleine herausholen konnten. Und weil es insgesamt doch nur sehr wenige Bücher waren, die wir besaßen, lasen alle von uns, die wir nach und nach in der Schule das Lesen gelernt hatten, ihr Buch mindestens dreimal hintereinander durch. Und im nächsten Jahr noch einmal.

Eins der eingeladenen Kinder musste zur Geburtstagsfeier auf jeden Fall eine Tafel Schokolade schenken, für das Schokoladenspiel. Dabei wurde die Tafel, dick verpackt und zugeschnürt, auf die Mitte des Tisches gelegt. Wir würfelten reihum. Bei einer Sechs musste der Glückliche, so schnell er konnte, die bereitgelegten Handschuhe anziehen, einen dicken Schal umbinden und eine Mütze aufsetzen. Um anschließend mit Messer und Gabel das Schokoladenpäckchen aufzuschneiden und auszupacken. Er durfte so lange an dem Schokoladenmonstrum herumfuhrwerken, bis der Nächste eine Sechs gewürfelt hatte. Und der machte dann an genau der Stelle weiter, an der sein Vorgänger aufgehört hatte.

Oh, was dauerte es manchmal lange, bis die Tafel ausgepackt war und man endlich ein Stück der Schokolade abschneiden und genüsslich verzehren konnte. Wollte der Würfel über längere Zeit keine weitere Sechs mehr herausrücken, durfte man das nächste Stück erst dann abschneiden, wenn der Mund wieder leer war. So war es doch am Ende immer so, dass alle Kinder wenigstens ein bisschen von der Schokolade abbekommen hatten.

Wir spielten auch Stille Post und Namenraten am Tisch. Wenn es nach draußen ging, dann waren Bäumchen wechsle dich, Fangen oder Verstecken angesagt. Alles verlief ein bisschen gesitteter als sonst, weil wir unsere Sonntagskleider trugen. Die Zeit verging wie im Fluge. Bald war die Geburtstagsfeier schon wieder vorbei und die Gäste gingen nach Hause. Ich stand noch einmal strahlend vor meinem neuen Reichtum auf dem kleinen Schränkchen, erzählte meinem Vater, wenn er endlich nach Hause kam, von dem schönen Nachmittag und goss vielleicht noch etwas Wasser an die Eierkörbchen, damit der Samen darin auch wirklich aufging.

Für uns Mädchen im Dorf war der 1. Mai ein besonderes Fest. Denn an diesem Tag hatten nur wir das Sagen! Kein Junge durfte bei unserem Maisingen dabei sein. Liefen sie, Witze reißend, auf den Wegen und Straßen hinter uns her, verjagten wir sie. Heute waren wir Mädchen die Stärksten. Erst recht, weil wir in der Gruppe viele waren.

Die großen Mädchen, die in einigen Wochen konfirmiert werden würden, kümmerten sich um die Vorbereitungen. Aus buntem Krepppapier flochten sie Kränze fürs Haar. Die waren für die allerjüngsten Mädchen gedacht, die erst ein paar Tage zuvor in die Schule gekommen waren. Denn im Frühling begann das neue Schuljahr.

Aus dem gleichen Papier schnitten die großen Mädchen auch Bänder, die wir an unseren Maibaum hängen wollten. Sie schrieben gemeinsam eine Liste, wer in diesem Jahr beim Maisingen womöglich mitgehen konnte. Eine Woche vor dem 1. Mai zogen sie mit dieser Liste von Haus zu Haus. Fragten in den Familien, wer von den Mädchen tatsächlich dabei sein würde. Ich glaube, es hat in all den Jahren keine einzige Absage gegeben. Eine so große Ehre ließ man sich doch nicht entgehen.

Am Tag vor dem 1. Mai fand in einer der Scheunen ein gemeinsames Treffen statt, bei dem wir Frühlingslieder auffrischten, ganz besonders unser Mailied, und den Maispruch mit den jüngsten Mädchen einübten. Bei dieser Veranstaltung halfen immer einige Mütter, denn sie waren ganz besonders stolz auf ihre Töchter. Egal, ob es die großen Mädchen waren, die nach der Konfirmation im nächsten Jahr nicht mehr dazu gehören würden, oder die Allerjüngsten, die das erste Mal bei den Maikindern mitmachten.

Und stolz waren unsere Mütter nicht oft auf uns. Jedenfalls zeigten sie es nicht. Im Gegenteil: Wir wurden ermahnt, weil wir eine Hausarbeit nicht gut genug erledigt hatten. Wir wurden geschimpft, wenn wir nicht leise und artig gewesen waren, wenn wir schlecht zugehört hatten bei dem, was uns die Mütter erklärten. Uns in Gespräche der Erwachsenen eingemischt hatten. Uns von dem Familienbesuch bei der Begrüßung oder beim Abschied nicht gerne auf die Wange küssen ließen. Wir waren für viele Dinge nicht wirklich gut genug, obwohl wir uns doch solche Mühe gaben.

Aber heute waren alle diese Unzulänglichkeiten vergessen, heute strahlten unsere Mütter um die Wette. Wir verstanden die Welt nicht mehr, denn dieses Mal strengten wir uns gar nicht an, sondern machten einfach nur etwas, was uns viel Freude bereitete. Ob wir sonst bei einer Arbeit fröhlich waren oder nicht, spielte keine Rolle. Hauptsache, wir machten das, was die Erwachsenen angeordnet hatten, ordentlich und schnell. Wegen dieser seltsamen Situation schauten wir gar nicht unsere strahlenden Mütter an, sondern senkten unsere Blicke immer wieder betreten zu Boden.

Neben einigen Müttern half auch mindestens ein Vater bei den Vorbereitungen zum Maisingen. Wir brauchten ein Bäumchen, und das war fast immer eine Birke. Genauer: die Spitze einer Birke. Sie musste leicht sein, denn wir mussten sie ja alleine oder zu zweit eine ganze Weile tragen können. Trotzdem war das Bäumchen immer sehr schwer, und wir wechselten uns nach jedem Haus reihum ab.

Dieser Vater also schlug ein Bäumchen, hackte vielleicht noch ein paar sperrige Äste ab und stellte es für ein paar Tage in einen Eimer mit lauwarmem Wasser. Denn wir wollten doch nicht mit einem noch kahlen Baum von Haus zu Haus ziehen. Es sollten wenigstens die ersten feinen, grünen Blättchen aus den Knospen sprießen. Mit den farbigen Bändern, mit denen wir das Bäumchen zusätzlich schmückten, sah das Ganze schließlich sehr schön aus.

Am 1. Mai zogen wir vormittags von Haus zu Haus. Klingelten an den Haustüren, wenn die nicht sowieso schon offenstanden, weil man auf uns gewartet hatte. Und sangen unsere eingeübten Lieder. Anschließend mussten die Maikinder ihren Maispruch aufsagen, in dem es auch darum ging, dass sich unsere mitgenommenen Körbe nach und nach mit Mehl, Eiern, Milch und Speck füllten. Und oft bekamen wir auch ein bisschen Schokolade oder ein paar Bonbons dazu. Die steckten wir natürlich sofort in den Mund.

Nachdem wir alle Häuser besucht hatten, ging es nachmittags ans Waffeln backen. Waffeln nur für uns! Wir Mädchen mussten nichts mit anderen teilen, alles fand nur innerhalb unserer eingeschworenen Maigruppe statt. Das war ein Spaß! Wieder halfen ein paar Mütter. Eine von ihnen stellte uns ihre Küche zur Verfügung. Oder sie hatten sogar den Schlüssel für eine der Holzhütten im Wald besorgt, sie gefegt und den Ofen angeheizt, damit wir

Mädchen dort den Nachmittag feiern konnten. Mit allen Spielen, die uns einfielen. Und natürlich mit diesem Berg an Waffeln, der nach und nach in unseren Bäuchen verschwand.

Unser Lieblingsspiel in der Holzhütte war das Überlebensspiel. Wir stellten uns vor, dass wir alleine nach irgendeiner Katastrophe hier im Wald übriggeblieben waren und jetzt zusehen mussten, wie wir uns ohne Eltern durchs Leben schlugen. Irgendwie klappte das in unserer Fantasie, mit der warmen Hütte und unseren Vorräten, auch meistens bis zum Abend.

Obwohl uns die Jungen manchmal einen gehörigen Schrecken einjagten, wenn sie mit Stöcken plötzlich gegen die Wände der Hütte schlugen und so taten, als ob sie Soldaten wären, die unsere Hütte zerschießen und uns gefangen nehmen wollten. Andere Male bewarfen sie uns draußen beim Spielen mit Tannenzapfen aus ihren Verstecken. Und wir verteidigten uns todesmutig gegen die Eindringlinge, wie gegen echte Feinde.

Am Ende des Tages wurden wir von einigen Müttern wieder ins richtige Leben abgeholt, egal ob wir im Spiel die Weltkatastrophen überlebt hatten oder nicht. So ein Tag, an dem nur wir Mädchen die Hauptrolle spielten, müsste es viel öfter im Jahr geben. Darin waren wir uns einig.

Sehr geliebt haben wir Kinder den jährlichen Sommerausflug der Kirchengemeinde. Das war ein großes Fest für alle. Wenn das Wetter schön genug war, fand der Ausflug an Himmelfahrt statt. Nur bei Regen wurde er auf Pfingsten verschoben. An einem der beiden Feiertage klappte es immer.

Die ganze Gemeinde wanderte über Wiesen und Felder und ein Stück durch den Wald. Bis zu einer großen Lichtung, auf der den ganzen Tag gespielt und gesungen wurde. Den Weg waren am Samstag vorher schon einige Männer als Vorhut gegangen. Um sicherzugehen, dass wir alle mit Kinderwagen und Leiterwagen durch so manche Schlammlöcher kamen und die umgestürzten Bäume umfahren und umgehen konnten. Nur die ganz Alten und die Mütter mit den allerkleinsten Kindern wurden mit Autos gefahren, die bis unters Dach vollgepackt waren mit Menschen und Sachen. Keiner wollte diesen Ausflug ins Grüne verpassen.

Wenn mein Vater an der Reihe war mit dem Fahren, kurbelte er oft das Schiebedach auf. Den Vordersitz seines Autos hatte er schon ausgebaut. Auf die Weise konnte er mehr Leute transportieren, denn sie fuhren im Stehen mit. Auf dem Rücksitz stapelten sich große Kochtöpfe und Zutaten für das gemeinsame Kochen. Teller und Tassen für Tee oder Kaffee und ungezählte Bleche mit Kuchen. Im Gepäckfach hinter dem Rücksitz saßen noch mindestens zwei kleine Kinder und winkten stolz, wenn sie die Wanderer auf irgendeinem Feldweg überholten.

Auf der Wiese angekommen, breiteten die Frauen ihre Decken aus, sodass jeder auch einen Sitzplatz hatte. Die alten Frauen fingen sogleich an, Kartoffeln und Zwiebeln zu schälen und Würstchen zu schneiden.

Die Männer, die am Samstag den Weg bereits abgegangen waren, hatten in der Regel schon eine große Menge Holz bereitgelegt und eine Feuerstelle vorbereitet. Schnell wurde jetzt ein Feuer entfacht, über dem ein riesengroßer Topf an einem besonderen Gestell aufgehängt wurde. Die

Jugendlichen mussten frisches Wasser besorgen, das es immer irgendwo im Wald, in einem Bach oder an einer Quelle gab. Und schon bald duftete es über die ganze Wiese nach Kartoffelsuppe.

Die restlichen Leute, die keine besondere Aufgabe hatten, steckten Spielfelder ab für Völkerball, Fußball oder andere Ballspiele. Reigenlieder für die Kleinen und Kreistänze für die ruhigen Gemüter gab es auch. Jeder, der Lust hatte, spielte irgendwo mit. Es wurde angefeuert und mitgefiebert, wir verloren oder gewannen. Und spielten bis zur ersten Erschöpfung am Mittag mit den Großen. Die Großen – das waren eigentlich immer nur Männer oder große Jungen, mit denen wir im Alltag wenig zu tun hatten. Wir Mädchen waren sehr stolz darauf, dass sie uns mitspielen ließen.

Die Frauen hatten mit den kleinen Kindern oder mit dem Essen zu tun. Und weil kleine Kinder verwahren und in der Küche helfen zu unseren täglichen Aufgaben gehörte, machten wir heute einen großen Bogen um sie.

Bevor es mittags die Suppe gab, wurde eine Andacht gehalten und gesungen. Gemeinsam mit dem Akkordeon meines Vaters. Auch der Chor der Gemeinde sang mehrstimmig die eingeübten Lieder. Das hörte sich gut an. Wenn wir Mädchen schon ein paar Jahre in der Schule waren und flüssig lesen konnten, wurden wir oft eingeladen, mitzusingen. Es hieß, wir hätten schöne Stimmen.

Ich konnte ein solches Lob kaum aushalten und musste dann immer auf den Boden schauen. Mir wurde heiß im Kopf und etwas rieselte in mir bis in meine Beine. Am liebsten hätte ich mich versteckt oder in einem Mauseloch verkrochen. Zuhause mussten wir uns ein Lob fürs Helfen und Artigsein erst hart verdienen. Und ich war mir noch nicht einmal sicher, ob mein Stolz und meine Freude über ein solches Lob überhaupt gut waren, wenn man sein Leben doch dem Herrn Jesus übergeben hatte. Man stand im Mittelpunkt, weil man etwas besonders gut konnte. Aber das hatte nichts mit der Aufgabe zu tun, sich um arme Geschöpfe zu kümmern. Und darum ging es doch, wenn man dem Herrn Jesus richtig gehören wollte. Das hörten wir eigentlich täglich in den Abendandachten und in jedem Kindergottesdienst.

Nach der Suppe folgte das Kartoffelbraten in der Glut des heruntergebrannten Feuers. Dann war Mittagspause. Doch irgendwann ging das Spielen weiter. Das Stangenklettern forderte uns heraus, denn ganz oben hing an einem Reifen allerlei Süßes. Und das wollten wir unbedingt beim Klettern erhaschen. Die Männer machten sich ein Gaudi daraus, den Reifen an einem dicken Seil mal etwas herunterzulassen, mal höher zu ziehen. Aber sie achteten auch immer darauf, dass jedes Kind etwas von dem Süßen abbekam. Bei den großen Jungen zogen sie den Reifen immer sehr hoch, die mussten sich wirklich anstrengen. Es war ein unentwegtes Lachen und Schreien in der Luft! Unsere Freude war mit Händen greifbar.

Die Höhepunkte vor dem Kaffeetrinken waren der *Klümpchesmann* und das Fischespiel. Für den Klümpchesmann zog sich ein Vater einen besonderen weißen Anzug an, an den einige Frauen in stundenlanger Arbeit unzählige Bonbons festgenäht hatten. Meistens war das am Samstag schon geschehen. Der Klümpchesmann lief in einem bestimmten Moment als ersehnte Überraschung über die Wiese und hatte sofort einen ganzen Schwarm Kinder und

Jugendliche als Verfolger auf den Fersen. Jeder wollte so viele Bonbons wie möglich von seinem Anzug abreißen. Manchmal war der Anzug schon in wenigen Minuten geplündert. Und dem Vater floss der Schweiß in Strömen.

Beim Fischespiel stellten sich jeweils zwei Erwachsene gegenüber und verschränkten die Arme. In unserer großen Gemeinde ergab das immer eine lange Reihe aus Erwachsenenpaaren. Sie mussten eng nebeneinanderstehen, denn wir Kinder schmissen uns, steif wie ein Brett, auf die ersten Arme. Und wurden dann, wie ein nasser Fisch, durch Hochwerfen und wieder Auffangen durch die ganze, lange Reihe geschleust. Das war sehr aufregend.

Die Erwachsenen feuerten sich die ganze Zeit laut im Rhythmus an: Hoch – tief! Hoch – tief! Am Ende der Reihe stand meistens mein Vater. Er fing uns auf und wirbelte uns noch einmal hoch in die Luft. Wir flogen wie ein Vogel, und dabei lief uns oft eine Mischung aus Angst und Begeisterung durch den Körper. Wir wussten genau, dass wir wieder aufgefangen wurden.

Standen wir Kinder endlich wieder auf eigenen Füßen auf dem Boden, war uns oft noch ein wenig schwindelig, und mein Vater musste uns noch einen Moment festhalten. Von diesem Spiel konnten wir nicht genug bekommen. Erst, wenn immer mehr Erwachsene wegen schmerzender Arme nicht mehr mitmachen konnten, hieß es: Schluss für dieses Jahr!

Nach dem Kaffeetrinken am späten Nachmittag wurde alles wieder eingepackt, und die Wanderung zurück ins Dorf begann. Hundemüde, wie wir waren, mussten uns die Männer unterwegs mit etlichen Spielen überlisten, damit wir weiterliefen. Mit letzten Kräften jagten wir uns durch den Wald, bei Schnitzeljagd und Hörnerblasen. Die Jüngeren unter uns wurden auf kräftige Schultern gesetzt und das letzte Stück nach Hause getragen.

Wenn die Mutter uns am nächsten Morgen für die Schule weckte, konnten wir in manchem Jahr vor Muskelkater gar nicht aufstehen oder richtig laufen. Auch die Augen wollten sich, vor Müdigkeit vom gestrigen Tag, nicht wirklich öffnen. Und trotzdem fanden wir es schade, dass dieser Ausflug nur einmal im Jahr stattfand. Von uns aus hätte er jeden Sonntag sein können.

Immer wieder samstags

Die Bartstoppeln unseres Vaters läuteten das Wochenende ein. Es gab sie nämlich nur samstags. Eigentlich musste der Vater auch an diesem Tag ins Büro fahren, aber da er während der Woche oft erst spät nach Hause kam, hatte er dafür am Samstag häufig frei. Dann arbeitete er bei uns im Haus und auf dem Hof. Und vergeudete morgens keine Zeit damit, sich den Bart zu rasieren.

Wir Kinder fanden es höchst interessant, dass einem Mann über Nacht im Schlaf so viele kleine und harte Haare im Gesicht wachsen konnten. Obwohl die Größeren unter uns nach dem Frühstück in die Schule mussten, wollten sie wenigstens vorher über die stacheligen Wangen streichen und die Bartstoppeln dabei in aller Eile abtasten.

Während der Vater seinen heißen Kaffee schlürfte, ließ er uns meistens eine Weile gewähren. Knurrend wie ein Wolf. Um sich plötzlich einen von uns zu schnappen und seinen Bart tüchtig an unserer weichen Kinderhaut zu reiben. Wir schrien und strampelten in seinen Armen, mehr aus Vergnügen als aus Angst.

Wenn er uns laut lachend wieder laufen ließ, waren unsere Gesichter so rot wie Erdbeeren und ganz heiß. Und dann hatten nur noch die Kleinen das Vergnügen. Für uns Große war das Bartpossen leider vorbei. Auf dem Weg zur Schule hofften wir nur, dass unser Erdbeergesicht schnell wieder blass werden würde. Denn was hätten wir auf die Fragen der Mitschüler sagen sollen?

Kamen wir mittags beim Heulen der Sirene um Punkt zwölf Uhr wieder nach Hause, war meistens irgendeine wichtige Arbeit im Gange, die in allen Häusern nur die Männer verrichteten. Fenster wurden abgeschmirgelt und neu gestrichen, ein kaputtes Türschloss repariert und geölt, ein undichtes Schuppendach ausgebessert. Hühner wurden geschlachtet. Oder der Draht um den Hühnerpferch verstärkt, weil der Fuchs oder der Marder es mal wieder geschafft hatten, hindurchzukriechen und ein Huhn zu holen.

Das Holz aus dem Wald musste für die Öfen und den Küchenherd gesägt und anschließend mit der Axt in ofentaugliche Stücke gehauen werden, im Keller durfte der Holzstapel nicht umkippen. Im Herbst oder im Frühjahr warteten die Obstbäume auf der großen Wiese am Hang des Wurmbergs auf ihren Schnitt. Während die Männer mit der Säge fuhrwerkten, sammelten und stapelten wir Kinder die Äste auf. Die dünnsten Ästchen brachen wir auf die Länge einer Holzkiste. Darauf waren wir sehr stolz. Ihr seid die Hüterinnen des Feuers, sagte meine Oma im Haus zu uns, wenn wir wieder eine Kiste mit Anmachholz hereinschleppten. So eine Kiste stand bei uns nämlich neben jedem Ofen. Voll bis obenhin.

In der Küche brannte das Feuer allerdings niemals ganz herunter, ob Sommer oder Winter. Bevor meine Mutter abends ins Bett ging, legte sie für gewöhnlich ein Kohlebrikett im Küchenherd nach. Dann hielt sich meistens noch eine Glut bis zum nächsten Morgen.

Wenn es in der Küche wirklich einmal leise war, was nur ganz selten vorkam, hörte man das Holz im Ofen knacken und den Wasserkessel leise vor sich hin summen.

Besonders im Winter liebte ich diese Geräusche, wenn ich wegen einer Halsentzündung zuhause bleiben musste und nicht in die Schule gehen konnte. Dann war ich gerne krank. Saß in aller Seelenruhe auf der Eckbank in der Küche, ganz alleine, hörte dem Holz und dem Wasserkessel zu, baute vielleicht mit Klötzchen eine Landschaft, die ich nicht gegen dutzende von kleineren Kinderhänden verteidigen musste. Und bekam von meiner Mutter zum Gesundwerden Pfefferminztee mit Honig. Meine Puppe bekam natürlich ein Schlückchen davon ab. Draußen vor dem Küchenfenster sah ich dünne Schleier von Schneenebel vorbeiziehen, und aus den Schornsteinen der Nachbarhäuser stieg der graue Rauch kerzengerade in den Himmel. Ich seufzte vor Glück. Kranksein konnte so schön sein! Deshalb beschloss ich, zumindest im Winter öfter krank zu werden.

Ich glaube, ich habe keinen einzigen Samstag erlebt, an dem nicht irgendein großer Arbeitseinsatz zuhause stattfand, bei dem alle mithelfen mussten. Nach dem Mittagessen kam jedoch zuerst die Mittagspause für unseren Vater. Darauf bestand er.

Der Vater trug samstags immer einen blauen Arbeitsanzug, der bis zum Mittag schon sehr dreckig geworden war. Farbe oder Holzstaub, Dreck oder Öl. Die schweren Schuhe zog er auf der Haustürtreppe oder Kellertreppe aus, das hatte meine Mutter ihm ganz streng so gesagt. Aber wenn er nun nach dem Mittagessen eine halbe Stunde ausruhen wollte, konnte er das wegen seines dreckigen Anzugs nicht auf der Couch in der guten Stube tun. Deshalb breitete meine Mutter eine alte Decke auf den rotbraunen Dielen im Wohnzimmer vor dem Fenster aus, worauf sich mein Vater ausstreckte. Meistens legte er sich auf eine Seite, die Hände unter dem Kopf als Kissenersatz.

Samstags wollten wir Kinder auch alle eine Mittagsruhe machen, und zwar genau neben dem Vater! Wir stritten schon bei Eintöpfen oder Reibekuchen mit Apfelkompott darum, wer direkt neben ihm liegen und sich an ihn schmiegen durfte. Und weil es dabei nur zwei Glückspilze geben konnte – einen am Bauch und einen am Rücken – hatte meine Mutter die Idee, dass sich eine Hälfte der Kinderschar in einer Reihe hinter seinen Rücken legte und die andere Hälfte vor seinen Bauch. Sie selbst gab uns alle paar Minuten ein Zeichen, aufzurücken. Diejenigen, die direkt neben unserem Vater lagen, mussten ihren Platz an den Nächsten in der Geschwisterreihe abgeben und sich selbst wieder hinten anlegen. Der einzige, der bei dieser Mittagsruhe still liegen bleiben durfte, war unser Vater.

Auf diese Weise kam jedes von uns Kindern samstags in den Genuss, wenigstens für einige Minuten ganz dicht beim Vater auf der Decke zu liegen, seine Wärme zu spüren und den Geruch seiner Arbeit einzuatmen. Niemals sind wir Größeren bei dieser Mittagsruhe eingeschlafen. Wir wollten bloß nicht den Moment verpassen, beim nächsten Zeichen näher an unseren Vater heranzurücken. Nur die Kleineren waren manchmal doch zu müde. Das fanden wir Älteren allerdings überhaupt nicht schlimm, denn so kamen wir wieder schneller an die ersehnte Stelle neben dem Vater.

Wenn samstags Männerarbeiten anstanden, bei denen wir großen Mädchen nicht helfen konnten, bekamen wir eigene Aufgaben. Regelmäßig musste eine von uns die enge Kellertreppe und den Kellerflur putzen. Das war auch bei Tageslicht eine dustere und unheimliche Angelegenheit. Manche Stufen der schon ziemlich abgewetzten Treppe knarrten. Egal, ob man auf die Mitte oder die Seiten der Stufe trat. Obwohl ich dieses Geräusch überhaupt nicht leiden konnte, war ich froh über das Geknarre. Denn so würden wir ganz bestimmt jeden Einbrecher hören, der die Kellertreppe hochschlich, um in den Zimmern etwas zu stehlen. Dachten wir.

Über Einbrecher wurde nämlich viel gesprochen. Wobei ich mir nicht vorstellen konnte, was bei uns gestohlen werden sollte. Möbel nahmen Einbrecher doch gar nicht mit. Und etwas anderes hatten wir überhaupt nicht herumstehen. Und ich sollte Recht behalten. Denn am Ende schlich sich der einzige Einbrecher meiner Kinderzeit gar nicht die knarrende Kellertreppe hoch. Stattdessen räumte er in einer Winternacht der Adventszeit unseren Vorratskeller halb aus. Meine Mutter war entsetzt und furchtbar wütend. Wie konnte das nur passieren!

Tatsächlich war es ein Leichtes gewesen, in unser Haus zu kommen. Ein Kellerfenster war nicht richtig geschlossen worden. Mein Vater hatte es offenstehen lassen, weil unser Plumpsklo im Keller so gestunken hatte. Da war aber dicke Luft zwischen meinen Eltern! So oft wie möglich gingen wir zur Oma nach oben.

Um das Sauerkraut und all die Gläser und Flaschen mit Johannisbeersaft und -gelee von der anderen Oma war ich nicht traurig. Aber den Apfelkompott und die eingemachten Kirschen und Birnen, das eingekochte Fleisch, die selbstgemachte Wurst und die vielen Gläser mit Gemüse, die eingelagerten Äpfel aus dem Garten und vor allem die Weihnachtskekse, die meine Mutter in Dosen und Schüsseln im Keller aufbewahrt hatte, vermissten wir sehr.

Wer uns das alles weggenommen hatte, kam nie heraus. Wegen einer solchen Sache ging man doch nicht zur Polizei. Das nützte sowieso nichts. Meine Mutter glaubte, das sei bestimmt das fahrende Volk gewesen. Und alle Frauen des Dorfes waren ihrer Meinung.

Aber ich wusste jetzt, dass Einbrecher auch etwas Gutes hatten. Denn in dem Winter brachten uns Nachbarn, Verwandte und auch die andere Oma immer wieder etwas von ihren Vorräten und Leckerbissen für Weihnachten vorbei. Sogar im kleinen Lebensmittelgeschäft weiter unten am Hang bekamen wir hin und wieder etwas geschenkt. Denn es hatte sich sofort im Dorf herumgesprochen, was bei uns passiert war. Die Wut meiner Mutter aber war bis Weihnachten verraucht.

Neben dem Putzen des Kellers waren auch die Schuhe samstags dran. Alle durften nur noch in ihren Gummistiefeln, im Sommer auch barfuß, draußen herumlaufen. Oder in den Zimmern mit Filzpantoffeln. Je nach Jahreszeit trugen wir Mädchen Schuhe, Sandalen oder Winterstiefel im Dutzend und mehr nach unten vor die Kellertüre. Dort draußen bürsteten wir sie um die Wette, fetteten sie ein und putzen sie blank.

Das war eine ziemlich langweilige und dreckige Arbeit, weil es in unserem Dorf noch kaum Teerstraßen gab und unser Haus außerdem an einem Feldweg lag. Wir erzählten uns Witze, um uns beim Schuheputzen zu unterhalten. Die Witze meiner Schwestern habe ich nie verstanden. Trotzdem lachte ich immer mit, denn ich wollte das natürlich nicht zugeben. Mir fiel auch nie ein Witz ein, und auch das war schon peinlich genug. Vielleicht war ich ja nicht ganz normal im Kopf. So wie der große Junge aus den Mehrfamilienhäusern, der die Gemeindeblättchen verteilte, dabei komisches Zeug redete und mit den Armen zuckte.

Bisweilen erfanden wir auch Geschichten oder sangen Lieder. Mit selbstgedichteten Strophen. Oder eben das, was wir am Tisch gelernt hatten. Außer den vielen Chorälen gab es ja auch Froschkonzerte am See, Katzen auf den Dächern, die nach ihrem Liebsten riefen, Streitereien zwischen Kuckuck und Esel oder die Reise von Bolle zu Pfingsten nach Pankow. Wir versuchten eine Zweitstimme oder einen Kanon, und hatten jede Menge Spaß.

Manchmal standen, nach und nach, etliche der kleineren Geschwister wortlos um uns herum und schauten ganz ungläubig. Meine Schwestern dachten, die Kleinen bewunderten uns. Aber ich glaubte eher, sie fanden es höchst absonderlich, was wir da machten.

Wenn sich unser Vater ein Werkzeug für seine Arbeiten aus dem Keller holen musste, sang er im Vorübergehen einen winzigen Teil unserer Lieder mit. Sofern sie nicht gerade selbst gedichtet waren. Er war stolz auf seine singenden Töchter. Wir Mädchen beschlossen, später ein Liederbuch mit unseren Schuhputzerliedern zu schreiben. Denn wenn unser Vater stolz auf uns und unsere Lieder war, mussten diese doch etwas ganz besonders Gutes sein.

Wenn wir samstags nach der Schule in den Feldweg zu unserem Haus abbogen und ein Fahrrad vor der Haustüre stehen sahen, wussten wir, dass der Frisör da war. Fahrräder waren nämlich höchst selten, und der Frisör war einer der wenigen, der eines besaß. An diesen Samstagen gab es ein spätes Mittagessen.

Der Frisör war ein kleiner, älterer Mann aus dem Nachbardorf, der mit einer Tasche voller Kämme, Bürsten und verschiedener Scheren zum Haareschneiden in die Häuser kam. Er redete, ohne aufzuhören, erzählte eine Neuigkeit nach der anderen. Von dem, was er in all den Familien und Häusern erfahren hatte. Meine Oma sagte immer, dass er eine wandelnde Zeitung auf zwei Beinen sei. Und dass wir unsere Ohren gehörig auf Durchzug stellen sollten, damit wir das Zeugs schnell wieder vergaßen. Aber für uns war es lustig oder schaurig, ihm zuzuhören. Deshalb kauerten wir Mädchen uns immer auf die Eckbank um den Küchentisch, obwohl unsere Haare nicht geschnitten wurden.

Meine Schwestern und ich hatten unsere langen blonden Haare zu Zöpfen geflochten, zu Affenschaukeln gedreht oder zu Nestern auf dem Kopf zusammengesteckt, wie die erwachsenen Frauen. Erst wenn uns unsere Haare bis zum Hintern reichten, nahm meine Mutter die Haushaltsschere und schnitt einfach selbst eine Handbreit davon ab. Das war auch ohne Frisör zu schaffen und kostete auf diese Weise kein Geld.

Den kleinsten Brüdern konnte man keine Haare schneiden, da sie lange Zeit eine beständige *Wackelglatze* hatten. So nannten wir großen Mädchen die runde, kahle Stelle am Hinterkopf. Und mussten bei diesem Wort immer laut loslachen. Die Wackelglatze war entstanden, weil die kleinen Brüder sich immer selbst in den Schlaf summten und dabei ihren Kopf auf dem Kissen hin und her rollten.

Nur die Männer und die größeren Jungen mussten anstehen und sich den karierten Umhang umlegen lassen, wenn sie an der Reihe waren. Denn der Fassonschnitt wurde vom Frisör gemacht, und dafür wurde er, wenn es nötig war, von meiner Mutter ins Haus bestellt. Auch wenn samstags immer viel Arbeit für meinen Vater anlag, musste er sich dafür die Zeit nehmen.

Einmal hatte der Frisör seinen neuen Rasierer mitgebracht und wortgewaltig dessen Vorteile erklärt. Dass es damit viel schneller gehe als mit der Schere, dass es also auch weniger koste, dass er damit gleichmäßiger schneiden könne, dass das der Fortschritt beim Frisörhandwerk sei und dass das Scherengeklapper sowieso langsam ausgedient habe. Lediglich eine Steckdose in der Nähe brauche er.

Und mein Vater, der immer als Letzter an die Reihe kam, willigte endlich ein, dass der neue Rasierer an ihm ausprobiert werden durfte. Der Frisör steckte einen Schneideaufsatz mit fünf Millimetern oben auf die kleine Maschine, und los ging es. Immer vom Nacken nach oben zur Kopfmitte. Es sah leicht aus und schien sehr erfolgreich zu sein.

Aber bei der vierten Bahn nach oben fiel uns Mädchen auf, dass sehr viel mehr Haare zu Boden fielen als vorher. Bei der nächsten Bahn merkte das auch der Frisör und stoppte seine Arbeit. Sofort fiel der Schneideaufsatz zu Boden. Nun sahen wir alle das Malheur! Der Schneideaufsatz hatte sich schon während des Schneidens gelöst, und meinen Vater zierte jetzt ein Muster auf dem Kopf. Zwei Bahnen ziemlich in der Mitte des Hinterkopfes waren komplett haarlos, links und rechts von kurzen Haaren umgeben.

Der Frisör wurde ganz still und bekam große Augen. So oft er auch mit der Hand darüber fuhr, es war nichts mehr zu machen. Wir Mädchen schlugen die Hände vors Gesicht. Jetzt nur nicht lachen! In der Mitte der Küche saß unser Vater im Blaumann mit kariertem Umhang und zwei Bahnen Glatze am Hinterkopf auf einem Stuhl. Sein Kopf sah aus wie der Wurmbach in der Sonne, der begradigt durch die Wiesen floss.

Als mein Vater sich mit Hilfe mehrerer Spiegel des Frisörs begutachtet hatte, wurde er sehr böse. Er schimpfte so laut mit dem Frisör, dass meine Oma die Treppe herunterkam und fragte, ob sie helfen könne. Das tat sie immer, wenn es bei uns zu laut wurde. Jetzt schrie mein Vater auch sie mit einem *Nein!* an. Und zeigte auf seinen Hinterkopf. Uns war das Lachen wegen der Brüllerei vergangen, und wir schlichen alle mit der Oma nach oben.

Da mein Vater sich weigerte, eine volle Glatze verpasst zu bekommen, musste der Frisör die restlichen Haare, soweit es ging, ganz kurz abschneiden. Jedoch mit der altbewährten Schere.

Oben hörten wir keinen einzigen Mucks, und ich glaube, die beiden Männer haben keinen Ton mehr miteinander geredet. Mein Vater musste hinterher nichts bezahlen. Auch nicht für das Haareschneiden bei meinen Brüdern.

Es gibt viel Schlimmeres, tröstete meine Oma, als der Frisör gegangen war. Haare wachsen nach. Das stimmte ja auch. Es war anders als bei den Männern ohne Finger oder Hände, ohne Arme oder Beine. Manche mussten mit Krücken laufen. Andere benutzten ein Glasauge. Von solchen gab es einige im Dorf. Da war nichts mehr nachgewachsen seit dem Krieg. Diese Männer meinte unsere Oma, als sie uns tröstete. Und auch die Männer, die eine Nummer auf dem Oberarm trugen und sich dafür so schämten, dass sie selbst an ganz heißen Tagen im Sommer keine kurzen Arbeitshemden anzogen. Diese Nummer sollte möglichst keiner sehen. Und sie selbst wollten sie auch so wenig wie möglich sehen. Und nicht darauf angesprochen werden. Aber das machte sowieso niemand, denn alle wussten Bescheid. Auch wir Kinder fragten nicht nach, denn wir spürten, dass da irgendetwas Ungeheuerliches in der Luft lag. Man schaute lieber darüber hinweg und schämte sich für den Vater, den Onkel oder den Nachbarn im Stillen mit.

Ich verstand nie, warum über diese Nummern keine neue Haut wuchs. Wenn die Nummern doch sowieso keiner haben wollte. Alles wuchs doch unermüdlich vor sich hin. Und wenn die schwarzen Nummern schon nicht zuwuchsen, musste man sie doch abwaschen können. So wie unseren Lippenstift oder unsere gemalten Armreifen an den Handgelenken. Die konnten wir auch abwaschen, wenn unsere Mütter das von uns verlangten. Nur diese Nummern, die zeigten, wer im Krieg zu den besonders schlimmen Soldaten gehört hatte, sah man auch nach Jahren noch ganz deutlich. Wie ein Mahnmal. Das fand ich ganz schrecklich.

Die zwei Bahnen Glatze fielen uns gar nicht mehr so sehr auf, je länger wir sie ansahen. Meinten wir. Trotzdem fiel die Mittagspause an diesem Samstag aus, und wir gingen meinem Vater für den Rest des Tages lieber aus dem Weg. Den Frisör durfte meine Mutter in den nächsten Wochen nicht mehr ins Haus bestellen. Und wenn mein Vater das Haus verließ, zog er sich immer eine Kappe auf. Ich glaube, die hat er auch auf der Arbeit und sogar in der Kirche nicht abgenommen.

Jeden Samstag am späten Nachmittag stand das wöchentliche Baden auf dem Programm. Und das Haarewaschen, was bei den langen Haaren von uns Mädchen nicht so schnell über die Bühne ging. An den anderen Tagen der Woche gab es nur eine kurze Katzenwäsche. Oder bei zu dreckigen Knien und Füßen ein Abreiben mit Waschlappen und Seife.

Das Baden fand in einem winzigen, niedrigen Kellerraum gegenüber dem Vorratskeller unserer Mutter statt. Darin gab es ein kleines Kellerfenster direkt unter der Decke, einen Badeofen mit Wasserboiler und einen Stuhl. An einer Wand hing ein gesprungener Spiegel, in dem man vielleicht sein Gesicht sehen konnte. Wenn der Wasserdampf das zuließ und der Spiegel nicht vollends beschlagen war. Oder nicht freigewischt werden konnte. Wir Kinder mussten dazu auf den Stuhl klettern. Sonst war da nichts.

Auf dem Stuhl konnte auch das Handtuch abgelegt werden und die frische Wäsche. Denn die gab es immer nur samstags. Es sei denn, die Hosen meiner Brüder waren völlig verdreckt. Dann kriegten sie auch an anderen Wochentagen eine frische herausgelegt. Manchmal zogen wir Mädchen nach dem Baden direkt unsere Nachthemden an und die Jungen ihre Schlafanzüge.

Durch den Badeofen war der kleine Kellerraum auch im Winter oder an kalten Tagen warm. Schon am Samstagvormittag wurde er angeheizt, damit sich im Laufe des Tages der große Boiler erwärmen konnte. Dazu musste ausreichend Wasser in den Boiler eingefüllt werden, denn das lief nicht einfach so nach. Freitags wurde schon mal Holz an der Seite des Ofens gestapelt. Das war die Aufgabe von uns größeren Kindern.

Einmal war nicht mehr genügend Anmachholz für den Ofen im Holzkeller. Mein ältester Bruder kam auf die Idee, selbst mit der Axt auf dem Holzblock dünne Äste zu zerhacken. Das schien nicht schwer zu sein, und mein Bruder war sehr stolz auf sich und seine Idee. Noch nie hatte er alleine Holz gehackt. Immer nur unter Anleitung des Vaters.

So richtig gefragt, ob er das dürfe, hatte er wohl nicht. Aber weil alle Erwachsenen selbst mit ihren Arbeiten zu tun hatten, ließ man ihn. Mir kam es vor, als ob er ein bisschen größer geworden wäre beim Holzhacken. Ein ganzer Stapel von Anmachholz lag schon neben dem Holzblock. Aber dann musste er unachtsam geworden sein. Vielleicht war er auch an ein besonders hartes Stück Ast geraten. Jedenfalls rutschte die Axt beim nächsten Hieb ab und fuhr in seinen linken Zeigefinger hinein.

Wir hörten einen fürchterlichen Schrei aus dem Keller, gefolgt von einer gespenstischen Stille. Sofort wollten wir nach unten stürzen, aber da kam mein Bruder schon leichenblass nach oben und hielt sich den Finger mit der rechten Hand fest. Das Blut lief in Strömen an seinem Arm herunter. Meine Mutter, der sofort klar war, was da unten passiert sein musste, setzte ihn auf einen Küchenstuhl und zog seine Hand, die den Finger hielt, vorsichtig ab. Das oberste Fingerglied vom linken Zeigefinger fiel einfach zur Seite, nur die äußere Haut hielt es noch fest. Uns Geschwistern wurde schlecht. Glücklicherweise war inzwischen die Oma die Treppe heruntergekommen. Wie immer, wenn sie meinte, etwas sei nicht in Ordnung und sie könne vielleicht helfen. Sie nahm die kleinsten Kinder mit nach oben.

Geistesgegenwärtig und schnell wurde das Fingerglied von meiner Mutter wieder zurechtgerückt und der Finger mit einem dicken Verband aus dem Erste-Hilfe-Kasten umwickelt, der für solche Fälle immer griffbereit auf dem Küchenschrank lag. In der Zwischenzeit hatte einer von uns Kindern draußen den Vater gesucht und die Katastrophe gemeldet. Nun kamen beide in die Küche gerannt. Der Bruder war inzwischen fast ohnmächtig. Mein Vater lobte meine Mutter für den guten Erstverband, nahm seinen Sohn ganz ruhig auf die Arme, trug ihn ins Auto und legte ihn auf die Rücksitzbank. Bei einem solchen Unfall konnte unser alter Dorfarzt auch nicht mehr helfen, das war klar. Da musste man wohl oder übel ins Krankenhaus der Kreisstadt. Und dort wurde der Finger wieder angenäht und neu verbunden.

Immer noch ganz blass kam mein Bruder mit dem Vater am späten Nachmittag zurück. Der Finger musste jetzt erstmal heilen und zusammenwachsen. Mit dem Holzhacken war es also vorbei. Mein Bruder hatte auch viel zu viel Angst vor der Axt. Erst Jahre später traute er sich wieder daran.

An normalen Samstagen, die ohne solche Zwischenfälle verliefen, wurde am späten Nachmittag entschieden, in welcher Reihenfolge gebadet werden sollte. Wir standen in einer Reihe nebeneinander, und unsere Mutter schaute uns alle genau an. Wir Mädchen kamen fast immer zuerst an die Reihe, denn wir waren am saubersten. Immer zu zweit durften wir in die Badewanne rein. Die langen Haare wuschen wir uns gegenseitig. Und wenn wir hinterher nicht sofort rausgeschmissen wurden aus unserer warmen Wanne, konnten wir noch eine kleine Weile darin spielen.

Eine tauchte mit dem Kopf unter Wasser und die andere zählte. Dann umgekehrt. Wir waren jede Woche gespannt auf die Siegerin des Tauchwettbewerbs. Oder wir rubbelten uns gegenseitig den Rücken, bis dieser ganz rot war. Wir machten mit unseren Mündern Wassermusik. Blubberten und quietschten um die Wette. Dabei tauchte manchmal eine auch wieder ab und hörte sich an, wie dieses Konzert unter Wasser klang.

Wir ließen das Seifenstück mit viel Druck aus den Händen in die Luft springen und versuchten zu messen, wer es am höchsten schaffte. Bugsierten die Seife, schwimmend wie ein Schiff, mit Hilfe unserer Hände zum Bauchnabel der Schwester. Dort war der Hafen, wo das Schiff den Besitzer wechselte und anschließend zum anderen Bauchnabel-Hafen zurückschwamm. Wir probierten, wie Seife schmeckt, und bissen ein Stückchen ab. Von diesen Seifenspielchen durfte unsere Mutter aber nichts mitkriegen, denn sie waren verboten. Die Seife sollte doch so lange wie möglich halten.

Wenn ein Kinderpaar fertig war mit Baden, wurde einige Minuten lang Pause gemacht, damit sich der Dreck wirklich unten am Boden der Wanne absetzen konnte. Anschließend ließ unsere Mutter einen Teil des Wassers zusammen mit dem Dreck ablaufen und füllte genauso viel frisches und warmes Wasser wieder aus dem Boiler nach. Den Ofen zum Erwärmen des Wassers musste sie zwischendurch auch immer wieder mit neuem Holz befeuern. Nun kam das nächstdreckigste Kinderpaar an die Reihe. Mit demselben Ritual. Waschen, spielen, abrubbeln. Dem Wasser eine Pause gönnen, etwas Wasser mit dem Dreck ablaufen lassen, neu auffüllen.

Die Brüderspiele waren heftiger als unsere, und es schwappte viel Wasser auf den Boden, wenn sie von einem Ende der Badewanne zum anderen rutschten. Deshalb lagen im Laufe der Badezeit viele Lappen und Putzlumpen vor der Wanne. Meine Mutter war bei jedem Kinderpaar-Wechsel damit beschäftigt, mit viel Geschimpfe all das Wasser aus den Tüchern in einen Eimer zu wringen.

War das letzte und dreckigste Kinderpaar gebadet, dann wurde das Wasser ganz abgelassen. Am Abendbrottisch zankten sich meine Brüder manchmal, wer das schmutzigste Wasser verursacht habe. Dreckiges Wasser war wie eine Auszeichnung für sie. Vielleicht bedeutete es, dass es nur von den wirklich besten Jungen kommen konnte. Von denen, die sich am meisten im Dreck wälzten oder mit Erde bewarfen, die beim Fußballspielen vor lauter Einsatz am häufigsten hingefallen waren. In den Matsch unserer Wiesen. Wir Schwestern verdrehten die Augen. Dreckiges Badewasser war eklig und die Zankerei darum einfach nur blöd.

Die Badewannenminuten waren für uns Kinder ein zauberhafter Abschied von der Woche. Und wir zeigten der Oma oben im Haus nach dem gegenseitigen Abrubbeln stolz unsere vom warmen Wasser ganz schrumpeligen Hände: Guck mal, jetzt sehen unsere Hände fast so aus wie deine! Vor ihren Händen hatten wir nämlich großen Respekt. Sie waren so fremd für uns Mädchen. Überall schauten die Adern hervor, die Fingergelenke waren dick. Oft war ihre Haut irgendwo eingerissen, oder kleine Äderchen waren geplatzt und die Stelle schimmerte ganz blau. Diese Haut war so dünn und faltig, fast so wie unsere Ziehharmonikaschlangen aus Zeitungspapier.

Unsere Oma mochte es, wenn wir ihre Hände nahmen und streichelten. Dann wünschte sie uns immer, dass unsere Hände nicht so aussehen sollten, wenn wir in vielen Jahren einmal alte Frauen seien. Der liebe Gott soll euch ein besseres Leben geben: ohne Krieg, ohne Hunger und Flucht, und ohne diese viele Arbeit im Leben, die nie aufhört.

Bei unserem täglichen Abendgebet, vor dem Einschlafen im Bett, baten wir tatsächlich oft um ein besseres Leben. Und waren uns ganz sicher, dass es auch so kommen würde. Obwohl wir uns manchmal fragten, warum denn der liebe Gott unserer Oma kein gutes Leben geschenkt hatte. Dabei hatte sie ganz bestimmt jeden Tag darum gebeten. Hatte sie es jetzt mit uns nicht auch ein wenig gut? Und wir mit ihr? Ein kleines Stück besseres Leben war doch gekommen. Da waren wir uns ganz sicher.

Abends kamen die Erwachsenen mit dem Baden an die Reihe: meine Mutter, mein Vater, meine Oma und die unverheirateten Tanten. Sie durften allerdings alleine in die Wanne, zu zweit hätten sie gar nicht hineingepasst. Ich habe auch nie gesehen, dass sie sich gegenseitig gemustert hätten, wer denn der Dreckigste sei und ganz bis zum Schluss mit dem Baden warten müsse. Und obendrein bekam jeder von ihnen eine ganze Badewanne voll mit frischem Wasser. Was war ich eifersüchtig auf sie! Das wollte ich auch mal haben: eine Badewanne für mich ganz allein.

Besuch

Eigentlich war in unserem Haus immer jemand zu Besuch. Keine Freunde unserer Eltern. Die gab es nicht. Es waren Nachbarn, die etwas zu besprechen hatten oder einfach nur einen *Guten Tag* oder ein *Gutes neues Jahr* wünschen wollten. Verwandte, die etwas vorbeibrachten. Gemeindemitglieder, die sich Noten für den gemischten Chor holten. Männer, die unserem Vater an manchen Samstagen bei schweren Arbeiten im Garten oder im Haus halfen.

Die andere Oma kam zum Nähen und Bügeln. Das alte Marjellchen aus Ostpreußen mit ihrem unverwechselbaren *R* blieb zum Einkochen im Spätsommer sogar eine ganze Woche und schlief oben bei der Oma in ihrem dunklen und quietschenden Ehebett. Besuche waren eben nicht einfach nur Besuche, sondern sie hatten meistens einen Zweck zu erfüllen.

Am häufigsten kam unsere alte Nachbarin zu uns. Sie setzte sich jeden Morgen an den Küchentisch, schaute meiner Mutter beim Kartoffelschälen oder Gemüseputzen zu und seufzte sich all ihr Lebensleid von der Seele. Ihr Mann war aus dem Krieg nicht zurückgekehrt, und von da an hatte sie nicht mehr so recht gewusst, was sie mit dem Leben anfangen sollte. Das konnte ich nicht verstehen, und vielleicht konnte ich sie schon deshalb nicht gut leiden. Meine Mutter hörte ihr jedoch geduldig zu, machte ihre aufmunternden Bemerkungen und ließ ihren Mann so für eine kleine Weile wieder lebendig werden.

Die alte Nachbarin roch ein wenig muffig und hatte ein ganz verschrumpeltes Gesicht, mit einer Warze auf der Nase. Ein bisschen sah sie aus wie eine Hexe, gebeugt und krumm ging sie auch. Nur stellte ich mir eine Hexe stark und mutig vor. Eine Hexe hätte ganz sicher gewusst, was sie mit ihrem Leben anfangen sollte. Und wenn sie sich dafür erst das Richtige hätte herbeihexen müssen. Diese alte Tante war selbst für uns Kinder ein äußerst armes Geschöpf. Aber eines, um das wir lieber einen Bogen machten, anstatt uns zu kümmern. Weil alles in ihrer Gegenwart eine graue Farbe bekam, die wir erst wieder wegwaschen mussten. Denn diese graue Farbe blieb, auch wenn die Nachbarin längst gegangen war.

Gab es bei uns eine Feier, musste eines von uns Mädchen einen Teller mit Kuchen zu ihr bringen oder ein Stück Braten mit Kartoffeln und Gemüse. Auch die anderen Nachbarn erhielten solche Gaben, sodass Kuchen oder deftige Speisen oft in der Nachbarschaft hin- und herwanderten.

Diese Wege waren immer mit einem Schwätzchen verbunden. Am Küchentisch oder im Garten. Hier oder dort. Manchmal dauerte dieser Austausch doch recht lange. Hinterher wusste man zwar das Neueste aus den anderen Familien, spürte aber auch den Ärger der Mutter, denn die hätte eigentlich das eine oder andere erledigen müssen und fühlte sich durch das Geschwätz aufgehalten. Deshalb wurde das Verteilen von Kuchen mehr und mehr die Aufgabe von uns Kindern. Mit uns schwätzten die Nachbarn nicht so viel und so lange. Und sowieso nicht über die ernsten Sachen, die nur unter Erwachsenen beredet wurden und bei denen wir unsere Ohren auf Durchzug stellen sollten.

Einmal im Monat besuchte uns ein großer Junge aus den neuen Mietshäusern, der den Monatsbrief der Kirchengemeinde in alle Häuser brachte. Er hüpfte mit seiner Tasche die Straßen entlang, wackelte mit dem Kopf, zwinkerte unentwegt mit den Augenlidern, hielt den Kopf ganz schief und zuckte viel mit den Armen und dem gesamten Körper.

Wir Kinder wollten mit ihm am liebsten gar nichts zu tun haben, denn wir wussten nie, was er als nächstes tun würde. Mal konnte er ganz wütend werden in einer Situation, in der wir im Leben nicht damit gerechnet hätten. Mal fing er an zu weinen oder zu singen, laut zu lachen oder zu spucken. Wir verstanden nicht, warum er das alles tat. Er war uns unheimlich, und das machte uns Angst.

Meine Mutter aber wusste immer, wie sie mit diesem großen Jungen umgehen musste. Sie fragte ihn nach seiner Familie und nach dem Wetter, nach dem Hund in der Nachbarschaft und nach dem Mittagessen. Und bekam immer eine irgendwie passende Antwort. Wenn sie also in der Küche war bei seinem Besuch, dann war es nicht schwer, ihn auszuhalten.

Meine kleineren Brüder beobachteten den Jungen immer sehr neugierig und argwöhnisch zugleich. Manchmal flüsterten sie miteinander und schickten dann den Mutigsten vor, der ausprobieren sollte, mit welcher Bemerkung, Frage oder Grimasse er eine dieser völlig überraschenden Laute hervorlocken konnte. Wenn meine Mutter das merkte, wurde sie böse und schimpfte. Die Brüder mussten sogar die Küche verlassen. Denn dieser Junge war doch ein armes Geschöpf, mit dem man nun wirklich keinen Schabernack treiben durfte.

Wenn der große Junge kam, kochte meine Mutter abends oft Milchreis. Eigentlich mein Lieblingsgericht, das ich mir immer als Abendessen zum Geburtstag wünschte. Und offensichtlich auch die Leibspeise des Kirchbriefboten. Ich glaube, er wusste, dass meine Mutter ihm zu Ehren den Milchreis kochte, denn zu uns kam er immer am späten Nachmittag. Dann, wenn meine Mutter anfing, das Abendbrot vorzubereiten und wir Mädchen ihr beim Tischdecken helfen mussten. An solchen Tagen blieb immer genügend Zeit, einen großen Topf Milchreis zu kochen. Und abends hatten wir einen Esser mehr.

Zweimal im Jahr kam ein junger Mann, den wir Kinder nur unter dem Namen *Landstreicher* kannten. Er wohnte nicht in unserem Dorf oder in einem der Nachbardörfer, sondern irgendwo ganz weit weg. Mit seinem Rucksack zog er durch die Lande und verdiente sich hier und da Geld zum Leben. Mein Vater hatte ihn auf Singtagen der Gemeinde kennengelernt. Seitdem kam der Landstreicher im Frühjahr und im Herbst zu uns, schlief auf der Couch in seinem Schlafsack und arbeitete ein bisschen im Garten. Oder reparierte im Haus Dinge, die kaputtgegangen waren.

Der Landstreicher kam einfach so, ohne Anmeldung, denn Telefon hatte im Dorf nur der Bürgermeister. Irgendwann stand er strahlend vor der Haustür. Wenn er da war, hatten wir alle viel Spaß. Abends sang der Landstreicher mit meinem Vater Fahrtenlieder und Choräle. Sie sangen immer mehrstimmig und spielten dazu Gitarre.

Bei den Mahlzeiten wurde so viel gelacht und gestaunt wie sonst nie, denn der Landstreicher konnte unglaubliche Geschichten erzählen. Einmal berichtete er von einem

Freund, der sein ganzes erspartes Geld in einer Tüte vergraben hatte. Am Wegesrand, genau in der Mitte von drei dicken Felsbrocken. Diesen Ort hatte er sich ausgesucht, weil man sich ihn so gut merken konnte. Als er einige Monate später sein Geld brauchte und deshalb wieder ausgraben wollte, war es futsch. An ebendieser Stelle befand sich nun eine Baustelle, weil der Weg zu einer befestigten Straße ausgebaut werden sollte.

Unsere Mutter regte sich furchtbar über diese Geschichte auf. Ich glaube, sie wusste sicher am allerbesten, was es hieß, ganz ohne Geld dazustehen und es dem lieben Gott überlassen zu müssen, wie dieses Problem gelöst werden könnte. In der Zigarrenkiste im Küchenschrank, in der unsere Mutter ihr Haushaltsgeld aufbewahrte, war jedenfalls nie genug Geld für all das, was eigentlich besorgt werden musste. Jeder Pfennig wurde umgedreht, bevor sie ihn ausgab. In den letzten Tagen eines Monats rechnete unsere Mutter oft genug für den lieben Gott aus, ob man noch Nähseide oder Baumwollzwirn zum Nähen kaufen konnte, oder ob man damit bis zum nächsten Monat warten musste. Vielleicht war sie sich auch nicht ganz sicher, ob der liebe Gott überhaupt so gut rechnen konnte.

Inwieweit die Geschichten des Landstreichers der Wahrheit entsprachen, weiß ich nicht. Ob er wirklich auf einen Baum klettern musste, auf der Flucht vor einer Wildschwein-Rotte mit Frischlingen? Ob er wirklich einmal nachts auf einem Heuboden davon wach wurde, dass eine ganze Mäusefamilie kreuz und quer über ihn gelaufen war? Das bleibt sein Geheimnis. Jedenfalls fanden wir es immer sehr schade, wenn der Landstreicher weiterziehen musste. Dann wurde die große Welt wieder so klein wie unser Dorf.

Aufregend war es auch, wenn die dickste und lustigste Tante des Nachbardorfes mit ihrem kleinen Auto den Weg zu unserem Haus heraufknatterte. Diese Tante war tatsächlich so breit wie lang, und sie passte so gerade eben in ihr Auto. Dieses Auto mit drei Rädern nannten alle das *Himmelhoch*. Es war eine *Isetta*, und die hatte nur eine Tür, und zwar vorne. Alleine das war schon eine Attraktion, fast wie im Zirkus.

Wenn also die Isetta auf dem Hof hielt, stürzten wir Kinder hinaus. Wir wollten zusehen, wie die ganze vordere Autowand von innen gen Himmel gehoben und festgesteckt wurde und wie die Tante sich dann mit großer Anstrengung aus dem Autokäfig befreite. So kam es uns zumindest vor. Denn das Auto wirkte nur wenig größer als sie selbst. Wir Kinder grinsten breit, wagten aber nicht in Lachen auszubrechen, obwohl alles so komisch aussah. Manchmal rief die Tante uns Große zu sich, damit wir ihr beim Aussteigen halfen. Dann zogen wir an ihren dicken Oberarmen und fleischigen Händen, und sie schob sich mit aller Kraft nach vorn.

Stand die Tante endlich draußen, immer noch ächzend und stöhnend, rollten ihr die Schweißperlen über die Stirne. Meine Mutter rief eines von uns Kindern, dass wir ihr ein frisches Taschentuch bringen sollten. Und etwas zu trinken brauchte sie auch. Wir ließen die Tante respektvoll ins Haus vorgehen, um diesem *gehenden Fleischkloß* wenigstens von hinten ein wenig verschämt nachzuschauen. Denn wir durften ja nicht offen zeigen, wie sehr uns ihr mächtiger Körper interessierte.

Nach diesen Besuchen stellten meine Schwestern und ich abends im Bett Überlegungen an, wie viele Kinder dicht an dicht gedrängt wohl nötig wären, um einen Kreis um die Tante zu bilden. Wir haben es allerdings nie herausbekommen. Auch fragten wir uns, was und wieviel sie gegessen haben musste, um so dick zu werden. Uns gruselte ein bisschen davor, selbst eines Tages so füllig zu sein. Das wollten wir auf keinen Fall! Auch wenn sich das die andere Oma so sehr für uns wünschte. Mit genügend Speck auf den Rippen würden wir sowohl den nächsten Krieg überleben als auch einen guten Mann abkriegen. Aber wahrscheinlich hatte sie dann doch nicht an eine solche Körperfülle gedacht. Hofften wir jedenfalls.

An den Sonntagen war unser Haus immer besonders voll. Manchmal auch deshalb, weil unsere Oma oben im Haus Besuch von ihren Schwestern und Schwägern bekam. Wir Mädchen mussten vorher helfen, den runden dunkelbraunen Esstisch im Wohnzimmer oben so hinzustellen, dass er an beiden Enden ausgezogen werden konnte. Stühle mussten geschleppt und zentimetergenau angeordnet werden, denn Platz für so viele Leute gab es eigentlich nicht in dem Zimmer.

Kuchenteller und Kaffeegedecke mussten auf den Tisch, für jeden Gast und natürlich auch für meine Oma.

Besonderen Spaß machte uns das Falten von Servietten. Wir bettelten jedes Mal darum, ein anderes Tier oder eine andere Figur falten zu dürfen. Unsere Oma lachte über unsere Bettelei, zeigte uns aber immer wieder geduldig neue Falttechniken. So entstanden Schwäne und Hasen, Schildkröten und Drachen aus den Servietten. Wir strengten uns sehr an, aber die Ergebnisse ähnelten fast nie den wirklichen Tieren. Eigentlich waren wir über unsere Künste im Serviettenfalten am Ende oft ein bisschen enttäuscht.

Wenn wir fertig waren und der Besuch noch auf sich warten ließ, fragten wir unsere Oma, ob wir den *Sängerkrieg der Heidehasen* hören durften. Das war unsere einzige Kinderschallplatte für den neuen Plattenspieler im Haus. Außer ihr gab es nur noch eine weitere Platte, auf der wurden Choräle gesungen.

Die Choräle hörte sich meine Oma nie an. Ich glaube, es lag nicht daran, dass sie die Choräle nicht gemocht hätte. Sie mochte den ganzen Plattenspieler nicht. Der war nämlich ein gemeinsames Geschenk meiner Tanten, die nach und nach aus dem Zimmer oben neben der Küche der Oma ausgezogen waren. Zum Trost und um ihr schlechtes Gewissen zu beruhigen, hatten sie der Oma den Plattenspieler geschenkt. Damit die Oma nicht so alleine war und wenigstens ein bisschen Musik hören konnte. Das flüsterten jedenfalls wir Schwestern uns abends im Bett zu.

Es hieß doch immer, eines von den Kindern müsse dableiben und sich um die Alten kümmern. Denn die konnten irgendwann nicht mehr alles selber machen. Das war eine abgemachte Sache, über die man gar nicht viel reden musste. Es durften nicht alle weggehen. In unserem Haus war unsere Mutter übriggeblieben. Doch die hatte mit uns Kindern nun wirklich genug zu tun. Sie konnte sich nicht noch um unsere Oma kümmern. Obwohl wir Mädchen doch so sehr halfen.

Also bekam der Plattenspieler von der Oma nur verächtliche Blicke zugeworfen. Aber uns störte das nicht weiter. Wir Kinder liebten ihn, denn er war eine Sensation im

Haus und im Dorf! Wir konnten entweder die Geschichte vom Sängerkrieg einfach nur hören, oder wir konnten mit der Sprache spielen. Es gab einen Knopf am Plattenspieler, der war neben dem Ein- und Aus-Knopf der wichtigste Schalter für uns. Wenn er in die eine Richtung gedreht wurde, piepsten alle Stimmen nur noch in den höchsten Tönen und die Geschichte raste dahin. Drehten wir ihn in die andere Richtung, brummten die gleichen Tiere ganz unverständlich, wie ein gähnender Bär, und die Erzählung kroch so langsam voran wie eine Schnecke. Ein anderes Spielchen mit dem Plattenspieler bestand darin, die Nadel hochzuheben und an einer anderen Stelle wieder aufzusetzen. Auf die Weise konnten wir uns unsere Lieblingsstellen beliebig oft anhören. Wir kugelten uns vor Lachen und machten alles nach, so gut wir konnten.

Dank des Plattenspielers hatten wir also nichts dagegen, unserer Oma bei ihren Besuchsvorbereitungen zu helfen. Wenn wir nur mit dem Sängerkrieg der Heidehasen mitfiebern konnten.

Einige Male im Jahr holte unser Vater die Oma und den Opa aus dem anderen Dorf zum Mittagessen zu uns. Alles musste dann sauber und wie aus dem Ei gepellt aussehen. Die Familienmitglieder schmissen sich in Schale. Für uns Mädchen hieß das: die von Opa geschenkten Dirndl-Kleider anziehen. Wir mochten sie allerdings überhaupt nicht.

An solchen Sonntagen rasierte unser Vater sich morgens ganz besonders ordentlich seinen Bart. Das gehörte zu den Vorbereitungen für diesen Besuch dazu. Wie wir Kinder das Zuschauen beim Rasieren liebten! An den Wochentagen war diese ganze Prozedur nämlich längst vorbei, wenn wir aufstanden.

Zuerst stellte unser Vater die kleine Schüssel mit warmem Wasser nebst Rasierpinsel, Rasierseife und Rasiermesser auf den Küchentisch, legte ein Handtuch daneben und holte den Tischspiegel. Wenn er sich das Gesicht mit dem Rasierpinsel weiß eingeschäumt hatte, zog er verrückte Grimassen und ahmte Tierlaute so täuschend echt nach, dass wir vor Lachen nur so losprusteten. Manchmal auch deswegen, weil wir einen dicken Spritzer Rasierschaum ins Gesicht bekommen hatten. Und dann dieser Duft, der den Vater nach dem Rasieren umgab! Wir Mädchen schnüffelten in der Luft hinter ihm her und wussten genau, wie unsere Männer später riechen mussten.

War das alles und auch der Gottesdienst vorbei, fuhr mein Vater am späten Vormittag los, um die Großeltern abzuholen, und alle waren immer ganz aufgeregt. Zuhause wurde in der Zwischenzeit der Tisch mit einem weißen Tischtuch gedeckt, zusätzliche Stühle geschleppt, das Mittagessen abgeschmeckt. Unsere Mutter bereitete einen besonders guten Braten zu.

Nichts durfte misslingen. Eigentlich war es so ein bisschen wie in einem Theaterstück, bei dem wir alle die Schauspieler waren.

Wir Kinder wurden ermahnt, an all die Dinge zu denken, die Erwachsenen offensichtlich Freude bereiteten. Bei der Begrüßung die schöne, also die rechte Hand reichen. Sich von den Großeltern drücken lassen, vielleicht sogar einen feuchten Kuss über sich ergehen lassen, auch wenn man das nicht mochte. Beim Mittagessen die Tischmanieren nicht vergessen. Nicht dazwischenreden, wenn sie etwas sagten. Höflich sein und auf alle Fragen eine Antwort geben. Und selbst dem Opa keine schwierigen

Fragen stellen. Vor allem nicht nach dem Krieg. Denn dann konnte es passieren, dass er böse wurde.

Mein Opa war nämlich in Stalingrad gewesen und dort in russische Gefangenschaft gekommen. Und entweder er sagte auf diese Fragen gar nichts, schwieg einfach nur. Oder er schaute uns für eine kleine Weile in die Augen, besser gesagt durch uns hindurch in weite Fernen, und meinte dann ganz knapp und barsch, dass man nicht erzählen könne, was er dort gesehen und mitgemacht habe. Manchmal aber erzählte er tatsächlich mit wenigen Worten, dass er nur deshalb überlebt und etwas mehr zu essen bekommen habe als andere Gefangene, weil er als Schustermeister so gut Schuhe und Soldatenstiefel reparieren konnte.

Wir Kinder wollten in Wahrheit immer nur diese eine Geschichte hören: Als mein Opa von einem neuen russischen Offizier erschossen werden sollte, stattdessen aber von einem, der ihn schon länger kannte, gerettet wurde. Denn er sollte doch den Russen weiter die Stiefel besohlen. Und weil er so wichtig war, wurde er erst ganz spät aus Russland wieder nach Hause geschickt.

Das alles wussten wir. Hatten auch von der Oma oft genug erfahren, dass der Opa im Traum manchmal schrie. Und wollten es doch immer wieder hören. Ein paar Brocken Russisch sollte er sprechen und für uns übersetzen. Das war ja fast so, wie eine Reise in die weite Welt gemacht zu haben. Allerdings keine schöne. Oft fing ich bei diesen Geschichten an zu frieren, oder ich wurde ganz steif.

Diese gemeinsamen Besuche der Großeltern waren ganz anders als die Besuche der anderen Oma, wenn sie alleine an einem Werktag zum Helfen kam. Ich dachte, dass das an Opa liegen musste. Obwohl dessen Lieblingsworte an so einem Tag nur *So, so* waren. Dann noch einmal *So, so*. Und er bei sich zuhause doch ganz anders sein konnte.

Wir Kinder gaben uns wirklich alle Mühe, artig zu sein. Wir sangen und beteten vor dem Mittagessen, und hinterher noch einmal. Wir schmatzten weniger als sonst und hatten gar keine Lust, während des Essens viel zu reden und zu lachen.

Nach dem Essen durfte sich die andere Oma auf das Bett meiner Mutter legen für einen Mittagsschlaf. Opa setzte sich in den einzigen, sehr gemütlichen Sessel, den wir in der guten Stube hatten, kramte seine Zigarrenkiste hervor und steckte sich eine Zigarre an. Das war sozusagen seine Mittagspause, und die war kompliziert. Die Zigarre wurde nämlich zuerst zwischen den Fingern hin und her gedreht, auf den Tisch geklopft und wieder gedreht. Dann schnitt Opa in das Mundstück eine kleine Kerbe mit seinem Taschenmesser hinein. Was er alles in seiner Tasche hatte!

Erst nach dieser aufwändigen Prozedur wurde sie angezündet. Und dann saß Opa dort, mit den abgearbeiteten Händen und krummen Fingern auf seinem dicken Bauch, und paffte vor sich hin. Ich mochte den Zigarrenrauch überhaupt nicht. Ein dunkler Geruch, ein wenig bitter, der sich im Hals festsetzte und kratzte. Uns zum Husten zwang.

Während Oma und Opa ihre Pause machten, hatten wir Mädchen in der Küche den Abwasch zu erledigen. Eine spülte, eine trocknete ab und die Dritte deckte schon wieder die Kaffeetafel. Manchmal half uns mein Vater dabei, und das war eine lustige Angelegenheit. Denn er stellte am Volksempfänger auf dem kleinen Schränkchen immer Blasmusik an. Märsche wurden gespielt und andere deftige Musikstücke, während mein Vater die Teller, Gabeln, Messer und Löffel im Takt trockenrieb und sich dabei durch die ganze Küche drehte.

Wir versuchten natürlich, seinen Tanz unter viel Lachen und Kichern nachzumachen. Und wurden von ihm auch noch angefeuert. Selbst diejenige, die an der Spülschüssel stand, versuchte sich im rhythmischen Abwaschen. Dabei ging manchmal das eine oder andere gute Teil mit dem schmalen Goldrand zu Bruch. Und die Scherben schnitten in die Finger.

Den Radetzky-Marsch konnten wir bald auswendig und mit Geräuschen begleiten. Er wurde zu unserem Lieblingsmarsch. Die kleineren Brüder, die ab und zu in die Küche kamen, marschierten zwar ohne Geschirr mit, dafür aber mit Kochlöffeln in den Händen, die den Taktstock ersetzten. Mit denen man wunderbar im Takt auf Tisch, Fensterbank oder Stuhllehnen klopfen konnte, womit man die Schlagzeuge herrlich verstärkte.

Kam meine Mutter herein, fand sie das überhaupt nicht lustig. Ihr vertrödelt nur die Zeit! Die Musik ist viel zu laut, so kann Oma nicht schlafen! Da ist ja schon wieder eine Tasse kaputt gegangen!

Sie machte die Musik aus und bugsierte unseren Vater ins Wohnzimmer, wo Opa seine Zigarre ausgepafft hatte. Schlug vor, dass die beiden Männer eine Runde Schach spielten. Das Spiel dauerte ja lange und man hatte die Männer gut beschäftigt, sodass sie auf keine dummen Gedanken kommen konnten. Außerdem konnte man dabei nichts bereden, sich also auch nicht streiten oder feststellen, dass man gar nichts zu bereden hatte.

Mein Vater spielte gerne Schach, fand aber in keinem von uns einen Mitspieler. Und so fing er tatsächlich meistens eine Partie mit Opa an. Bei der wir Kinder mit der Zeit dazukamen und ihnen über die Schulter schauten. Und so das Schachspielen lernten.

Nach der Mittagspause gab es, je nach Wetter, einen kleineren Spaziergang durch den Garten, bei dem die Oma die Kräuter und die Möhren, die blühenden Obstbäume oder die Rosen bewunderte, die dieses Jahr vielleicht besonders dufteten. Oder einen längeren Spaziergang durch den Wald.

Beim Kaffeetrinken wurde endlich der am Samstag gebackene trockene Kuchen oder die ersehnte Obsttorte aufgetischt. Manchmal sogar die Buttercremetorte, die es allerdings nur bei besonderen Feiern gab. Und weil die andere Oma die süße und fettige Buttercreme gerne zusammen mit Schinkenbrot und kleinen eingelegten Gürkchen aß, standen sie auf der Kaffeetafel immer dabei. Schwarzbrote, mit Butter bestrichen und einem dicken Stück Schinken belegt. Obendrauf thronten die kleinen Gürkchen.

Lange Zeit konnte ich es nicht fassen, dass sich die andere Oma tatsächlich ein Stückchen Buttercremetorte auf ein solches Schinkenbrot legte und beides auf einmal in den Mund schob. Ein solches Stück Kuchen war Gold wert! Das vermischte man doch nicht mit Schinken und Schwarzbrot. Aus Neugier habe ich diese Mischung einmal probiert und fand sie ekelhaft. Ich blieb lieber bei reiner Buttercremetorte oder Obstkuchen mit Schlagsahne.

Nach dem Kaffee folgte die Fragestunde. Wir Kinder mussten erzählen, was wir gerade in der Schule lernten. So manches Gedicht musste aufgesagt, so manche Rechenaufgabe gerechnet werden. Wenn der Opa mit uns zufrieden war, klopfte er uns auf die Wangen und lächelte vor sich hin. Vor allem unsere Mutter war dann sehr stolz auf ihre Schulkinder. Wie habe ich meine kleinen Brüder beneidet, die noch nicht in der Schule waren, nichts aufsagen mussten und auch nicht für gute Antworten betätschelt wurden!

Anschließend wurden die Großeltern wieder nach Hause gefahren, damit sie noch in den Abendgottesdienst ihrer Gemeinde im Dorf gehen konnten. Waren sie weg, atmete das ganze Haus auf, obwohl doch alles nett gewesen war. Solche Sonntage waren einfach anstrengend.

Manchmal kamen auch meine verheirateten Tanten mit ihren Familien zum Kaffeebesuch zu der Oma, die bei uns zuhause wohnte. Das war für uns wie der Himmel auf Erden. Natürlich passten wir unmöglich alle zusammen mit unseren großen Familien in das kleine Wohnzimmer der Oma. So wurde die ganze Gesellschaft aufgeteilt: Die Erwachsenen saßen oben, ganz eng um den Kaffeetisch gedrängt. Und die Cousins und Cousinen kamen zu uns nach unten. An unserem großen Küchentisch wurden wir Kinder im Dutzend und mehr mit Streuselkuchen und Bienenstich versorgt.

War der Kuchen aufgegessen, wurde zusammen gespielt. Darauf freuten wir uns schon die ganze Zeit. Unser Lieblingsspiel war das Verreisen. Alle Stühle aus unserer Wohnung wurden wie in einem Eisenbahnwaggon quer durch die Küche in einer Reihe hintereinandergestellt.

Im Sommer schleppten wir sie dafür sogar nach draußen in den Hof. Es gab einen Lokführer und einen Schaffner, das waren immer Jungen, meistens unsere Cousins. Einen Heizer sparten wir uns, schon alleine deswegen, weil wir sonst einen Stuhl als Kohlenwagen hätten opfern müssen. Tatsächlich gab es inzwischen ja auch einige Dieselloks.

Der Lokführer und der Schaffner bekamen Männerhüte, die wir von der Garderobe holten. Eine Pfeife für das Abfahrtssignal an den Haltestellen fand sich auch jedes Mal. Die Bahnhöfe hatten oft die phantasievollsten Namen, weil sich noch keiner von uns in der Welt oder auf einer Landkarte so richtig auskannte.

Nur das Ziel stand fest. Denn wir besprachen vorher, wohin die Reise gehen sollte. Und welche Stühle zur Ersten und welche zur Zweiten Klasse gehörten. Natürlich mussten wir auch bestimmen, wer welche Person spielte. Besonders beliebt waren reisende Königinnen und Prinzessinnen mit ihren Kindern. Das waren die Kleinsten unter uns, und die mussten natürlich auf den Schoß. Denn für alle Kinder gab es gar nicht genügend Stühle.

An anderen Sonntagen waren wir arme Frauen, ohne Männer und mit vielen Kindern, dazu ein paar Taschen, die wie unsere Oma auf der Flucht waren in völlig überfüllten Zügen.

In der Ersten Klasse saßen immer die vornehmen Personen ohne Kinder, die einen Stuhl für sich alleine hatten. Mit denen ging der Schaffner sehr höflich um. Die Passagiere der Zweiten Klasse wurden schon mal gehörig geschimpft oder an den Ohren gezogen. Vielleicht weil die Kinder zu laut oder letzte Kuchenkrümel auf den Fußboden gefallen waren. Oder weil die Fahrkarte ganz zerknickt aus der Handtasche gezogen wurde. Vielleicht auch, weil es gar keine Fahrkarte gab. Dann weinten die armen Frauen, die auf der Flucht waren, denn sie wollten auf keinen Fall aussteigen. Man wusste ja nicht, ob noch ein nächster Zug kommen würde.

Je nachdem, wer wir also waren, schnatterten und lachten wir, oder waren still und taten ängstlich. Vor allem, wenn ein Tunnel ausgerufen wurde, vom Lokführer oder Schaffner. Dann schmissen wir uns bereitgelegte Decken über, sodass es tatsächlich dunkel um uns wurde und die kleinen Kinder anfingen zu schreien. Dann schaukelten wir unsere Kinder, sangen ihnen Wiegenlieder vor oder spielten etwas mit ihnen.

Manchmal gab es unterwegs auch fürchterliche Unfälle. Eines der kleinen Kinder war aus dem Zug gefallen und musste ins Krankenhaus. Ein Arzt und eine Krankenschwester kamen herbei.

Oder es gab einen überraschenden Fliegeralarm. Der Zug hielt sofort an und alle drängten sich unter den Küchentisch, bis der Lokführer meinte, jetzt könnten wir weiterfahren. Andere Male kamen Soldaten, die uns kontrollierten. Und wir schmuggelten eines der kleinen Kinder als unerwünschtes Judenbalg unter den Stuhlbeinen hindurch, immer wieder in andere Eisenbahnwagen. Und freuten uns, dass wir die Soldaten so gut reinlegen konnten, ohne dabei erwischt zu werden.

So gab es in diesem Lieblingsspiel ständig wechselnde und manchmal auch neue Rollen. Irgendwann kam der Zug schließlich am Zielort an. Aber eigentlich war das Ankommen gar nicht so wichtig. Wichtig war das gemeinsame Unterwegssein.

Und wenn all meine Cousins und Cousinen schon vor der Ankunft an unserem festgelegten Zielbahnhof wieder gehen mussten, weil ihre Eltern das Kaffeetrinken oben beendet hatten, dann verlor unsere Küche ihren Zauber und ihren Glanz. Sie wurde wieder zu einem gewöhnlichen Ort und wir zu den Kindern, die wir im richtigen Leben waren. Höchst ärgerlich war dabei, dass wir ohne die tatkräftige Unterstützung der anderen alles wieder aufräumen mussten. Beim Abschied wussten wir jedoch ganz sicher, dass es an einem der nächsten Sonntage eine neue Zugreise geben würde. Dieser Trost war wie ein kleiner Stern am Himmel.

Und als an einem ganz außergewöhnlichen Sonntag einmal keiner zu Besuch kam, fand ich, dass dieser Tag, den ich nur mit den gleichen dreizehn Hausbewohnern verbrachte, die sowieso immer da waren, der langweiligste Sonntag in meinem ganzen Leben war.

Träume

Unsere Träume waren ganz unterschiedlich, je nachdem, ob wir Mädchen oder die Jungen sie träumten. Manchmal träumten wir alleine, indem wir Löcher in die Luft starrten und einfach mal eine Weile für die anderen nicht ansprechbar waren. Oder wir träumten gemeinsam, erzählten uns unsere Sehnsüchte für unser zukünftiges Leben, schickten unsere Kinderwünsche in den Himmel und wussten noch nichts davon, wie lange es manchmal brauchte, bis solche Wünsche auf der Erde tatsächlich wieder ankamen und in Erfüllung gingen.

Alleine träumte ich auf meinen Flügen über die Dächer des Dorfes. Wenn ich abends mit der Amsel sprach und sie mir geduldig zuhörte.

Gemeinsam malten wir Schwestern uns mit unseren Freundinnen unsere Zukunft unter dem Küchentisch aus. Dort war ein guter Platz zum Träumen. Wir konnten in den Zeitungen blättern, ohne gestört zu werden. Über uns, auf der Eckbank und dem Tisch, wurde derweil gebügelt und gestopft. Oder einer der kleineren Brüder hatte dort seine Holzklötze zu Türmchen verbaut und heulte, weil er sie zur Abendbrotzeit wieder abbauen sollte. Weil es oben viel zu wenig Platz gab für unsere Träume, waren wir erfinderisch gewesen.

Wenn wir uns am späten Nachmittag bei Regenwetter mit der Tageszeitung unter dem Küchentisch verkrochen hatten, träumten wir mit offenen Augen. Natürlich würden wir später eine Familie haben. Wir würden als junge hübsche Frauen einen schönen starken Mann heiraten, eine Art Prinz. In den Zeitungen entdeckten wir Schwarzweißfotos, an denen wir hängenblieben, uns in die Familien hineinträumten, die dort abgebildet waren. Stolze Könige in Uniformen und edle Königinnen in glänzenden Kleidern und steifem Petticoat, fröhliche Prinzen mit Hund und lächelnde Prinzessinnen. Die Mutter konnte uns fast alle unsere Fragen zu den Königsfamilien beantworten, die wir ihr unterm Tisch hervor zuriefen. Ich war deswegen sehr stolz auf unsere Mutter, sie würde eine gute Schwiegermutter für einen Prinzen abgeben.

Nur sagte sie auf unsere Träumereien hin jedes Mal sehr bestimmt, dass sie uns keinen Prinzen zum Mann wünsche.

Schuster, bleib bei deinen Leisten, hieß es. Hört auf mit euren Spinnereien. Das ist nichts für euch, ihr werdet sowieso keinem Prinzen begegnen, dazu seid ihr nicht geboren. Und außerdem: Prinzessinnen und Königinnen haben es sehr schwer im Leben. Das konnten wir nun gar nicht verstehen. Auf den Fotos sahen sie doch ganz glücklich aus. Und noch schwerer als wir konnte es wohl keiner im Leben haben.

Aber selbst wenn es kein Prinz werden sollte – unser Mann verdiente natürlich viel Geld. Geldsorgen wie unsere Mütter würden wir keine haben. Mit dem Geld bauten wir als erstes ein schönes neues Haus für unsere Familie, mit großen Zimmern, das inmitten eines wunderschönen Gartens stünde. Mit vielen Blumen, Obstbäumen, Hecken und einer Rosenlaube in der Mitte. Das Haus wäre geräumig und hell, es hätte große Fenster. Mindestens drei Schlafzimmer würde es geben, für uns Eltern eins und für jedes Kind eins. Auf keinen Fall sollten wir und die Kinder zusammen in einem Zimmer schlafen müssen.

Unsere beiden Kinder wären natürlich ein Mädchen und ein Junge. Nicht mehr und nicht weniger. Vor allem nicht mehr. Wir wollten ja nicht solche großen Familien haben, wie wir sie nur zu gut kannten. Die Kinder würden blonde Haare und blaue Augen haben. Gesund, drahtig und brav sollten sie sein. Unsere Lieblingsnamen für den erwünschten Nachwuchs waren solche, die in unserem Dorf nicht vorkamen. Wir hießen Annegrete und Waldemar, Margitta und Günther. Langweiliger konnte es nicht sein. Unsere Kinder sollten viel lieber eine Leonore und ein Moritz werden. Oder eine Stella und ein Robin. Wir wollten doch mit der Zeit gehen.

Ein bisschen verunsichert waren wir, wenn wir im Garten im Gras saßen und den todsicheren Beweis haben wollten, dass das mit der Kinderzahl auch stimmte. Das konnte man nämlich herausfinden, indem man jeden Finger einer Hand ruckartig wegzog. Knackte es dann im Gelenk, war das das göttliche Zeichen für ein Kind, das kommen würde.

Wir zogen uns also gegenseitig die Finger lang. Das Problem entstand jedoch beim Zählen, wie oft es denn nun geknackt hätte: Es war immer, ungelogen, öfter als zweimal. Und so gab es endlose Versuchsreihen von knacksenden Fingergelenken, in der Hoffnung, es würden irgendwann nur zwei sein. Dann hätten wir bestimmt sofort aufgehört damit, um den sicheren Beweis von zwei Kindern nicht unnötig zu gefährden.

Ein weiteres Problem war mein Traum von dem neuen, weiß verputzten Haus. Da mein Zukünftiger, wenn schon kein Prinz, dann doch ein Bauer mit Heuwiese, Kartoffelfeld und Kühen sein sollte, würde ich mit ihm auf einem Bauernhof leben müssen. Und Bauernhöfe kannte ich nur mit alten Häusern, Fachwerk, engen Stuben und niedrigen Decken, in denen Männer manchmal gar nicht aufrecht stehen konnten. Kleine Fenster, durch die wenig Licht in die Räume fiel. Ställe mit den Tieren direkt nebenan. Und auch die ewig stinkende Miste. All das wollte ich doch unbedingt hinter mir lassen, mein Traumhaus sollte das genaue Gegenteil sein. Wie ich das mit meinem Bauern gemeinsam bewerkstelligen könnte, haben wir Mädchen in unseren Phantasien nie so richtig herausgefunden.

Wir träumten von Eltern mit mehr Zeit für ihre Kinder, von Eltern mit weniger Arbeit und von Eltern, die etwas im Leben zu lachen hatten. Wir jedenfalls wollten als Mütter viel Zeit für unsere Kinder haben. Zum Vorlesen und Spielen, für Ausflüge und gemeinsames Erzählen.

Bestimmt würde meine eigene Tochter nicht im Haushalt helfen und auch nicht auf den jüngeren Bruder aufpassen müssen. Und ganz sicher würde ich mein Kind, wenn es nicht einschlafen könnte und noch einmal zu mir in die Küche gelaufen käme, niemals einfach nur ohne ein weiteres Wort in die Ecke auf einen Stuhl setzen und selbst am Tisch weiterbügeln. Und es dann nach einer Weile wieder zurück ins Bett schicken.

Einmal in der Woche würde es – Ehrenwort – das Lieblingsgericht eines unserer Kinder geben, das haben wir uns in unseren Hütten geschworen. Und nur in Ausnahmen würden unsere Kinder ausrangierte und vielleicht umgeänderte Kleider und Schuhe von Verwandten anziehen müssen, wie wir sie in jedem Frühjahr und Herbst aus dem alten Kleiderschrank vom Speicher holten.

Nein, wir kauften alles neu. Die Schuhe für die Mädchen auf jeden Fall mit kleinen Absätzen. Und wir achteten sehr darauf, ob unseren Kindern die ausgesuchte Kleidung auch gefiel. Das würden bestimmt wunderschöne gemeinsame Einkaufsnachmittage in der Stadt werden!

Da in manchen Haushalten im Laufe unserer Kinderjahre immer mehr technische Geräte Einzug gehalten hatten, gehörten auch die Dinge, die später in unseren Küchen zu finden sein sollten, zu unseren Träumen. Nur zu gut hatten wir den Moment in Erinnerung, als unser Vater den ersten Staubsauger für den Teppich im Wohnzimmer gekauft und abends mitgebracht hatte. Das neue Gerät wurde zunächst von dem guten Dutzend kleiner und großer Menschen, die unser Haus bevölkerten, respektvoll beäugt, und dann wurde feierlich der Stecker in die Steckdose gesteckt.

Das Wunderding musste natürlich gleich ausprobiert werden. Wir kamen uns fast vor wie bei einer Abendandacht am Abendbrottisch. Jeder wollte das Saugrohr hin- und herschieben und anschließend gleich kontrollieren, ob tatsächlich Dreck in der Tüte gelandet war. Einer gab dem anderen Tipps, wie schnell oder langsam die Saugbürste über den Teppich gezogen oder geschoben werden musste. Wochenlang stritten meine Schwestern und ich darum, wer samstags statt Schuhe- oder Kellerputzen den Wohnzimmerteppich saugen durfte.

Bald nach seiner Ankunft in unserer Familie wanderte der Staubsauger sogar hin und wieder nach oben zur Oma. Und auf dem Trecker meines Onkels oder im Auto meines

Vaters ins Nachbardorf zur anderen Oma, um auch dort in Abständen die Teppiche und Bettvorleger saugen zu können. So sparten wir uns die mühsame Arbeit, das ganze Zeug einmal im Jahr draußen über die Teppichstange hieven und klopfen zu müssen, bis wir grau und die Läufer einigermaßen sauber aussahen. Ein Staubsauger musste also unbedingt in unserem eigenen zukünftigen Haushalt vorhanden sein.

Was wir uns überhaupt nicht ausmalten, war die Vorstellung, wie wir als Frauen leben wollten. Eine solche gab es für uns nicht. Das konnten wir uns nicht vorstellen. Wir kannten die Tante und die Großmutter oder die Nachbarsfrau. Die Hausfrau und die Mutter, die Ehefrau des Mannes, der Vater ihrer Kinder war. Wobei wir gar nicht richtig wussten, wie eine Frau zum Kind kam.

Es hatte etwas mit den Männern zu tun. Soviel war klar. Ich war fest davon überzeugt, dass beim Küssen der Eltern ein winziges Kind in den Bauch der Mutter kroch und dort anfing zu wachsen. So wie ein kleiner Wurm, der aus der Spucke zwischen den feuchten Lippen von Vater und Mutter entstand und sich dann blitzschnell durch den Mund der Mutter nach unten in den Bauch windet. Und weil wir nicht oft sahen, dass sich meine Eltern einen Kuss gaben, erst recht keinen auf die Lippen, passte das zusammen mit unserer Kinderzahl.

Das dicke Buch vom Familiendoktor hatte uns unsere Mutter damals noch nicht in die Hand gedrückt, noch nicht gesagt, dass wir die Seiten 248 bis 260 lesen sollten. Dafür seid ihr noch zu jung, hieß es zunächst. Das Buch lag gut verschlossen im Kleiderschrank unserer Eltern. Als wir Mädchen später schließlich die geheimnisvollen

Seiten zu lesen bekamen, fanden wir diese Sache mit dem Blut und dem Kindermachen einfach nur ekelhaft und wurden halbkrank von der ungeheuerlichen Wahrheit.

Bis zu diesem Moment kannten wir das Buch nur, weil unsere Mutter gelegentlich kurz nachschaute, welche Kräuter und andere Zutaten für eine bestimmte Salbe oder einen Tee gepflückt und besorgt werden mussten. Oder weil sie wissen wollte, welcher Hautausschlag nun für Masern und welcher für Scharlach sprach. Denn wenn man das wusste, brauchte man nicht mit dem Kind zum Arzt zu gehen. Stattdessen lief man in der Nachbarschaft herum und erzählte, warum die eigenen Kinder nicht in die Schule gingen, oder dass sie richtig krank und mit hohem Fieber im Bett lägen. Nachmittags kam dann meistens unerwarteter Kinderbesuch in die kranken Familien, auch von Kindern, die normalerweise gar nicht mit uns zusammen spielten. Alles tatsächlich mit der Absicht, sich gegenseitig anzustecken! Meine Mutter handhabte das mit uns genauso. Sie war froh um jede Kinderkrankheit, die wir gemeinsam durchgemacht hatten.

Je älter wir Mädchen wurden, desto mehr passende Geschenke für unser späteres Hausfrauendasein bekamen wir zu Weihnachten und zu den Geburtstagen. Bettwäsche und Handtücher lagerten für jede von uns in Kisten auf dem Speicher, und alles wurde einmal im Jahr ausgepackt und auf Schimmel und Stockflecken kontrolliert. Manchmal gaben wir voreinander an, wie viele Kisten für uns schon auf dem Dachboden lagerten.

Obwohl wir noch Kinder waren, wetteten wir manchmal, wer von uns wohl als Erste heiraten würde. Das musste ja nicht nach dem Alter gehen. Wir verrieten uns unsere heimlichen Verliebtheiten, erzählten, welcher Junge in der Schule am häufigsten unter den Rock geschaut hatte und wählten danach unsere zukünftigen Männer aus dem Dorf aus.

Was wir uns für unser Leben als Frauen wünschten, waren Schminksachen, mit denen wir uns hübsch machen konnten. Für unsere Männer. Damit alle anderen sagen würden, was für hübsche Frauen unsere Männer doch ergattert hätten. Und wir ganz stolz darauf sein könnten, die hübsche Frau eines geachteten Mannes im Dorf zu sein.

Wir fanden, dass rote Buntstifte für die Lippen wohl nicht mehr zu einer erwachsenen Frau passten. In den neuen Häusern auf der anderen Seite der großen Straße gab es einige große Mädchen, die sich schon jetzt die Augen schwarz und die Lippen rot schminkten, mit richtiger Schminke! Ihre langen Haare waren nicht zu Zöpfen geflochten oder zum Pferdeschwanz gebunden, sondern sie hingen offen und schön gekämmt bis zur Mitte des Rückens herunter. Mit diesen Mädchen sollten wir uns zwar nicht abgeben, aber ganz bestimmt hat unsere Mutter die bewundernden Blicke bemerkt, die wir den Mädchen nachwarfen, wenn wir sie beim Kaufmann oder auf der Straße sahen.

Eigene Berufe spielten in unseren Träumen damals keine Rolle. Darüber machten wir Mädchen uns keinerlei Gedanken. Der Beruf war für uns sowieso nur vorübergehend, wir würden ja heiraten, eine Familie gründen und uns um die Kinder und den Haushalt kümmern. Das mit dem Kindermachen und Kinderkriegen würden wir wohl oder übel über uns ergehen lassen müssen. Wie alle Frauen. So oder so ähnlich hatten wir die Eltern ja auch schon hundertmal reden gehört. Wobei sie nicht über das Kindermachen sprachen.

In einer Sache war unsere Mutter allerdings ganz eigen. Sie hatte angekündigt, dass ihre Töchter, wenn die Noten in der Schule gut genug waren, auf jeden Fall nach der Volksschulzeit auf ein Gymnasium gehen sollten. Genau wie ihre Söhne. Das passte nicht so ganz zu unserer Zukunft als Hausfrau und Mutter und war doch pure Verschwendung, fanden viele aus unserer Gemeinde und Verwandtschaft. Wir würden doch zuhause sein, wie alle verheirateten Frauen. Und gut versorgt. Da brauchte man sich keine Gedanken über einen guten Schulabschluss oder einen Beruf zu machen. Aber meine Mutter blieb stur. Und wenn meine Töchter nicht heiraten?, fragte sie bei solchen Einwänden zurück. Das verstanden wir zwar nicht. Schließlich würden wir garantiert einen Mann bekommen. Aber wir waren auch ein bisschen stolz, dass unsere Mutter so dachte. Denn damit waren wir etwas Besonderes.

Bei unseren unverheirateten Tanten war das etwas anderes mit dem Beruf. Sie waren arme Geschöpfe, die keinen Mann abgekriegt hatten. Und sich deshalb selbst Geld verdienen mussten. Das wollten wir natürlich niemals werden: arme Geschöpfe.

Die Träume unserer Brüder waren das genaue Gegenteil von unseren. Sie schauten uns völlig verständnislos an, hielten uns für verrückt, wenn wir uns über unsere zukünftigen Familien unterhielten. Diese Dinge ergaben sich doch von ganz alleine: eine Frau und dann natürlich auch die Kinder. Darüber musste man sich doch keine Gedanken machen. Stattdessen malten sie sich ihre Berufe aus.

Nach einer Phase der Müllwagenfahrer, Lokomotivführer oder Feuerwehrmänner waren es in den Jahren der Mondflüge die Piloten oder Astronauten. Oder unsere Brüder bauten die alte Küchenmaschine auseinander, die unsere Mutter ihnen zum Spielen gegeben hatte, weil sie kaputt gegangen war und nicht mehr repariert werden konnte. Und verkündeten hinterher, dass sie Maschinenbauer werden wollten.

Ein bisschen traurig waren unsere Eltern, dass keiner von den Söhnen Pastor oder Lehrer werden wollte. Das war doch eigentlich ein Stück Familientradition. Aber dieser Mangel wurde wettgemacht dadurch, dass auch niemand Soldat werden wollte. Soldaten brauchte man für den Krieg, und der war eine schreckliche Erinnerung für unsere Eltern und Großeltern und eine ebenso schreckliche Vorstellung für uns Kinder. Selbst wenn wir uns jetzt wieder vor den Russen schützen mussten und die Überschallflugzeuge uns unsere Spiele draußen kaputt machten, wollten wir uns gar nicht ausmalen, wie es wäre, wenn einer unserer Brüder später nach der Schule zu den Soldaten gehen und dann vielleicht in den Krieg ziehen müsste. Höchstens mal für eine Weile wäre es gut bei der Armee, damit aus den Jungen richtige Männer würden. Das sagten jedenfalls die Mütter. Verstehen konnte ich das nie.

Wir träumten nicht nur von der Zukunft, wir träumten auch von einer anderen Gegenwart. Anders als die, die wir als Kinder erlebten. Von diesen Träumen erzählten wir uns nur im Flüsterton, in unseren Geheimverstecken. Wir fühlten uns dafür so schuldig, dass wir Angst hatten, nach dem Tod deswegen in die Hölle zu kommen.

Eine unserer Freundinnen wurde so oft von ihrer Mutter geschimpft und geohrfeigt, dass sie sich sehnlichst eine andere Mutter wünschte. Und weil wir das gut verstehen konnten, wünschten wir ihr das auch. Wenn sie vor sich hin weinte, konnten wir sie noch so sehr trösten, aber eine andere Mutter konnten wir ihr nicht zaubern. Wir konnten uns gemeinsam an Märchen erinnern, in denen am Schluss böse Stiefmütter oder Mütter starben, aber die Mutter unserer Freundin starb nicht. Da konnten wir also nichts machen – außer wünschen.

Ich selbst hatte den Traum von einer kleineren Familie. Bitte, lieber Gott, lass uns mal weniger Geschwister sein. Oder tue mich, wenigstens bis meine Brüder alle groß sind, in eine andere Familie. Manchmal dachte ich sowieso, ich sei ein adoptiertes Kind, das man nur zum Helfen aufgenommen habe. Dann nämlich, wenn es für mich mal wieder nicht zum Aushalten war mit meiner Familie. Zum Beispiel damals, als wir das große Auto bekamen.

Unser Vater hatte sich – nach den kleinen Autos, in die, trotz jüngerer Kinder im Gepäckfach, höchstens nur die Hälfte unserer Familie hineingepasst hatte – einen alten roten VW-Bus gekauft. Stolz wie Oskar wollte er am ersten Sonntag nach dem Kauf mit der ganzen Familie eine erste kleine Tour machen. Nur ich wollte nicht mit. Ich weinte fürchterlich, und niemand kriegte mich in den Bus. Zur großen Enttäuschung unseres Vaters blieb ich tatsächlich bei der Oma zuhause.

Mir war ganz heiß, mein Herz raste und ich bekam nur schlecht Luft. Unserer Oma klagte ich schluchzend mein Leid: Mit so einem roten Bus fielen wir nur noch mehr auf im Dorf. Wir mit den vielen Kindern. So viele Kinder hatte sonst niemand. Und wir waren sowieso ganz anders als alle anderen. So fromm. So streng. Ich wünschte mir so sehr eine andere Familie. Eine, die normal war, wie alle anderen auch. In der es auch mal Weißbrot gab und Sandalen mit kleinen Absätzen. In der ich nicht so viel helfen musste. Und in der ich nicht nur in den Kindergottesdienst, sondern auch in die Kindergruppe vom Turnverein gehen durfte. Ich verkündete der Oma, niemals im Leben mit dem roten Bus und der ganzen, großen Familie darin zu fahren.

Meine Oma hörte sich alles geduldig an, wie immer, und sagte dieses Mal nichts dazu. Aber sie hatte ganz viel Wasser in den Augen und nahm mich in die Arme. Hielt mich ganz fest. Und das tat selbst meine Oma sonst nicht.

Eines Tages fiel mir auch noch auf, dass meine Mutter wieder einen dicken Bauch hatte, und ich beobachtete sie von da an ganz genau. Fragen tat ich meine Mutter nicht, denn über so etwas sprach man nicht, erst recht nicht mit Kindern. Aber dicke Bäuche bei Frauen bedeuteten immer, dass neue Kinder kamen. Soviel wusste ich damals schon.

Ich war entsetzt. Dann würden wir Schwestern ja noch mehr helfen müssen. Abwaschen und abtrocknen, kleine Geschwister verwahren, füttern, wickeln und ins Bett bringen, Taschentücher bügeln und Windeln zusammenlegen. Hühner versorgen und im Garten arbeiten. Das wollte ich alles nicht. Es war so schon genug. Ich beschloss in meiner Wut, das neue Kind im Bauch unserer Mutter umzubringen. Warum hatten die Eltern uns Mädchen vorher nicht einmal gefragt, ob wir überhaupt noch ein neues Geschwisterkind haben wollten? Dann hätten wir denen aber was erzählt.

Im Geheimversteck mit meinen Schwestern und unseren Freundinnen schmiedeten wir einen Plan. Ich wollte meiner Mutter, wie zufällig, so fest in den Bauch treten und boxen, dass sich das Kind darin wehtun und vor lauter Schreck aus dem Bauch herausrutschen würde. Da es noch so klein war, würde es nicht leben können. Also gäbe es auch kein neues Kind.

Gemeinsam stellten wir uns vor, wie dankbar auch meine Mutter nach dem ersten Schrecken sein würde, denn sie hätte dadurch auch nicht noch mehr Arbeit, weil das neue Kind ja tot wäre. Immer wieder redeten wir über unseren Plan. Aber ich habe mich nie getraut, ihn in die Tat umzusetzen. Irgendwann kam wieder ein neuer Bruder zur Welt. Und ich fand ihn sehr süß.

Von da an hatte ich jedoch eine große Angst vor dem Tod und vor der Hölle. Denn immerhin hatte ich noch vor kurzem schreckliche Mordpläne geschmiedet, selbst wenn meine Schwestern und Freundinnen daran beteiligt waren. Ich war diejenige, die den Plan hatte ausführen wollen. Und wir wussten, dass wir nach dem Tod vor ein großes Gericht kämen, in dem alle unsere Sünden verhandelt würden. Und dass danach die Hölle auf uns wartete, wenn der liebe Gott nicht gnädig mit uns wäre.

Selbst unsere Mutter schien Angst vor dem Tod zu haben. Hatte sie doch bitterlich geweint, als sie uns älteren Kindern an einem Karfreitag die Geschichte von der Kreuzigung vorlas. Wir weinten alle leise mit, die einen zu ihren Füßen, und auch die anderen, die an beiden Seiten neben ihr saßen. Weniger, weil der Herr Jesus gekreuzigt worden war, sondern weil wir ein großes Mitleid mit unserer Mutter hatten. So heftig hatten wir sie noch nie weinen sehen. Es musste ihr sehr schlecht gehen. Dabei war sie bestimmt nicht nur traurig über die Kreuzigung. Denn nach der Kreuzigung folgte doch Ostern, da wurde doch alles wieder gut. Unsere Mutter musste große Angst vor ihrem eigenen Tod haben. Glaubten wir. Sie war wohl unsicher, ob sie hinterher in die Hölle kommen würde. Dabei hatte sie doch gar keine Mordpläne gehabt, so wie ich. Wir Kinder wussten überhaupt nicht, was wir tun konnten. Also weinte jeder hilflos vor sich hin, bis sich die Situation von alleine wieder beruhigt hatte, unsere Mutter sich schließlich die Nase putzte und aufstand.

Mich beschlich von diesem Nachmittag an eine entsetzliche Aufregung und Angst, die sich lange Zeit nicht wieder richtig legte. Für mich mit meinen Mordplänen würde es bestimmt ein besonders fürchterliches Gericht und eine besonders heiße Hölle geben. Und deshalb musste ich einen Weg finden, nicht sterben und durch dieses Höllenfeuer zu müssen.

Ich begann eine lange Verhandlungsrunde mit dem lieben Gott. Ich wollte von ihm wissen, was ich machen müsste, um nicht zu sterben. Ich bot ihm alles Mögliche an: Er könnte meine Lieblingspuppe haben, ich würde sie für ihn in der Kirche auf den Altar legen. Ich würde niemals mehr über unsere große Familie schimpfen oder mich für sie schämen. Ich würde jedes Mal, wenn mein Vater das wollte, mit dem roten Bus über die Dörfer fahren. Der liebe Gott könnte mir ja erlauben, dass ich mich bei den Busfahrten ein bisschen versteckte, damit ich von draußen nicht gesehen würde. Meine Eltern könnten noch mehr Kinder bekommen und ich würde niemals mehr Mordpläne schmieden. Ich würde freiwillig jede Woche mehr Taschentücher bügeln als bisher.

Aber der liebe Gott ging auf alle diese Angebote nicht ein. Ich war am Ende. Da kam mir eine letzte rettende Idee: Ich würde für den lieben Gott ins Kloster gehen! Dorthin gingen doch die Männer und Frauen, die ganz zu ihm gehören wollten. Und die würden bestimmt nicht durch die Hölle müssen. Die wurden von Gott sehr geliebt und machten alles richtig im Leben. Ja, das war die Lösung. Mir kam es jetzt so vor, als ob der liebe Gott lächelte. Das war seine Antwort! Und ich versprach ihm in meinem Abendgebet hoch und heilig, für ihn in ein Kloster zu gehen, wenn ich groß genug dafür sein würde.

Nun konnte ich wieder ruhiger schlafen. Die wilden Tiere krochen nachts nicht mehr so oft unter meinem Bett hervor, um mir mit ihrem Gebrüll und ihren spitzen Zähnen einen kleinen Vorgeschmack der Hölle zu geben. Ich musste nicht mehr in den meterhohen Wellen ertrinken, die unser Haus einfach überfluteten und mich mitrissen. Und am Himmel verzogen sich die pechschwarzen Wolken, vor denen ich hunderte von Malen geflohen war, um nicht auf der Stelle von einem Blitz erschlagen zu werden.

Der liebe Gott schien sich tatsächlich über mein Versprechen zu freuen. Meine Schwestern fanden mein Vorhaben mit dem Kloster allerdings nicht so grandios, als ich ihnen erleichtert davon erzählte. Dann darfst du nur noch in schwarzen Kleidern herumlaufen. Du lebst hinter einer großen Mauer und kommst da nie mehr raus. Einen Mann und eine Familie kannst du vergessen.

Meiner Erleichterung, mit dem Kloster einen Weg gefunden zu haben, der Hölle zu entkommen, tat das keinen großen Abbruch. Dafür würde ich sogar auf Mann und Kinder verzichten.

Nur vorsichtshalber nahm ich mir im Stillen vor: Wenn mir im Kloster einmal alles zu viel werden sollte, würde ich einfach wieder fliegen. Auf den Dachfirst der Klosterkirche. Die Mauern könnten mich nicht zurückhalten. Dort oben würde ich die Amsel suchen, die meine Geschichte schließlich schon kannte. Und mit ihr flöten.

Ein Kriegskind erzählt seine Geschichte

„Es war nicht einfach, oft gefährlich, manchmal ziemlich kritisch – aber ich konnte mich durchschlagen.“

Günther Wittrin &
Mareile Seeber-Tegethoff

Von einem, der stets die Gelegenheit ergriff
Ein Kriegskind erzählt seine Geschichte

ISBN 978-3-9818549-0-9

Kriegskind Günther Wittrin hat es geschafft! 1929 in Polen geboren erlebt er als Zehnjähriger den Einzug des ‚Führers‘ in Danzig. Als Hitlerjunge wächst er im Großdeutschen Reich heran, als Kindersoldat entkommt er mehrfach nur knapp dem Tod. Auf sich allein gestellt schlägt sich der junge Mann jahrelang durch, bis er schließlich seine Angehörigen wiederfindet, nur um sie bald darauf wieder zu verlassen und seine eigene Familie zu gründen.
Auf anschauliche und zugleich packende Weise nimmt der Erzähler uns mit auf eine Reise durch turbulente Zeiten.

Lesen Sie von einem, der stets die Gelegenheit ergriff…

www.worte-und-leben.de

Von Sehnsucht, Wut und Wagemut

Die traumatischen Erfahrungen der Kriegskinder wirken auch im Leben der Kriegsenkel nach.

Heike Pfingsten Kleefeld (Hrsg.)

Kriegsenkelgefühle
Kinder der Kriegskinder schreiben von Sehnsucht, Wut und Wagemut

ISBN 978-3-9818549-2-3

„Dir geht es doch gut. Wir hatten es schwer!“ Diese Sätze hörten viele Kriegsenkel als Antwort auf ihre Sorgen und Nöte. Das mangelnde Einfühlungsvermögen der Eltern fußte auf den Kriegs- und Fluchterfahrungen in ihrer eigenen Kindheit. Wie subtil und mächtig diese traumatischen Erlebnisse noch in der folgenden Generation nachwirken – und wie es gelingen kann, diesen Einfluss zu beenden – zeigt die vorliegende Anthologie. Kurze thematische Einführungen schaffen einen Rahmen für die vielschichtigen Gefühle, die in den Texten von 31 Kriegsenkeln zum Ausdruck kommen.

„Nur wenn ich um das Damals weiß, werde ich endlich das Jetzt bewältigen können.“

& www.worte-und-leben.de

Flüchtlingswege 1945–2015

Was bringt Menschen dazu, ihre Heimat zu verlassen und sich auf einen gefährlichen Weg zu begeben?

Mareile Seeber-Tegethoff

Flüchtlingswege 1945-2015
Autobiografische Einblicke

ISBN 978-3-9818549-1-6

Acht Männer und Frauen erzählen in diesem Buch von den teils dramatischen Ereignissen ihrer Flucht, von dem, was vorher geschah und davon, wie es weiterging. Sie stammen aus verschiedenen Generationen und Kulturen, ihre Flucht fand zu unterschiedlichen Zeiten statt. Die 97-Jährige, die 1947 als Folge des Zweiten Weltkriegs aus Polen vertrieben wurde, kommt genauso zu Wort wie der 21-Jährige, der 2013 vor der islamistischen Terrormiliz al-Shabaab aus Somalia floh.
Wir hören gegenwärtig viel über Flüchtlinge – in diesem Buch sprechen sie selbst zu uns.

Lassen Sie sich auf andere Blickwinkel ein und machen Sie sich Ihr eigenes Bild!

www.worte-und-leben.de